CB051688

Para Albino, Cacilda e Fernanda

ANDRÉ MARQUES

LELÉ: DIÁLOGOS COM NEUTRA E PROUVÉ

PENSAMENTO DA AMÉRICA LATINA

Romano Guerra Editora
Nhamerica Platform

COORDENAÇÃO GERAL
Abilio Guerra, Fernando Luiz Lara e Silvana Romano Santos

LELÉ: DIÁLOGOS COM NEUTRA E PROUVÉ
André Marques
Brasil 6

PREFÁCIO
Abilio Guerra

POSFÁCIO
Paulo Bruna

COORDENAÇÃO EDITORIAL
Abilio Guerra e Fernanda Critelli

PREPARAÇÃO E REVISÃO DE TEXTO
Haifa Yazigi Sabbag, Ana Mendes Barbosa e Fernanda Critelli

PROJETO GRÁFICO
Maria Claudia Levy e Ana Luiza David (Goma Oficina)

DIAGRAMAÇÃO
Fernanda Critelli

DIAGRAMAÇÃO E-BOOK
Natalli Tami Kussunoki

ROMANO GUERRA EDITORA

platform nhamerica

SÃO PAULO

AUSTIN

2020

ANDRÉ MARQUES

LELÉ: DIÁLOGOS COM NEUTRA E PROUVÉ

COMO SE ESCREVE UMA DISSERTAÇÃO

UM NOVO LIVRO É SEMPRE MOTIVO PARA COMEMORAR. EM TEMPOS DE CERCO FERRENHO À ÁREA DA CULTURA, TORNA-SE MOTIVO PARA A REFLEXÃO. O LIVRO QUE AQUI SE APRESENTA – 'LELÉ: DIÁLOGOS COM NEUTRA E PROUVÉ', DE ANDRÉ MARQUES – É FRUTO DE PESQUISA DESENVOLVIDA NA FAU MACKENZIE,[1] QUE RESULTOU EM DISSERTAÇÃO DE MESTRADO.[2] COUBE A MIM O PRIVILÉGIO DE ACOMPANHAR SUA CONFECÇÃO, OFICIALMENTE COMO ORIENTADOR,

na prática como interlocutor entusiasmado pelo tema. Os diálogos imaginários travados por João Filgueiras Lima com Richard Neutra e Jean Prouvé refletem a interlocução de bastidores entre pesquisador e orientador, mas também mediações variadas, como a discussão intertextual com outros pesquisadores, o diálogo frequente com o arquiteto transformado em objeto de estudo, o bate-papo descontraído com colegas, o debate apaixonado com os membros da banca de qualificação.

Especulo aqui o quanto estão entranhados os âmbitos individual e coletivo envolvidos em um trabalho autoral. Há alguns anos, me propus desafio semelhante ao resenhar a dissertação de mestrado de Eduardo Ferroni sobre o arquiteto Salvador Candia.[3] A ambição era relacionar o mestrado à produção acadêmica realizada nos programas brasileiros de pós-graduação na área de arquitetura e urbanismo. Apontei ali o processo de revisão crítica ocorrido a partir dos anos 1990, quando as teses e as dissertações abriram espaço para novos personagens – destaque para os arquitetos estrangeiros radicados no país, tão relevantes em São Paulo, Rio de Janeiro e outras capitais – e novas interpretações – particularmente um novo olhar sobre os arquitetos brasileiros, que escapa da fórmula que privilegia o caráter nacional da arquitetura nativa.[4]

Na lista de arquitetos abordados pelas pesquisas acadêmicas constam não só os mais famosos da primeira geração moderna – Flávio de Carvalho, Oscar Niemeyer, Affonso Eduardo Reidy, Vilanova Artigas, Rino Levi, Oswaldo Bratke, Lúcio Costa, Jorge Machado Moreira, Irmãos Roberto –, mas muitos dos que se destacam na sequência, como Attilio Correa Lima, Francisco Bolonha, Alcides da Rocha Miranda, Severiano Porto, Paulo Mendes da Rocha, Pedro Paulo de Melo Saraiva, Abrahão Sanovicz, Carlos Millán, Eduardo Kneese de Mello, David Libeskind, Flavio Império, Sérgio Ferro, Rodrigo Lefrève, dentre outros. Mesmo alguns profissionais em ação – casos de Eduardo de Almeida e da dupla Marcelo Ferraz e Francisco Fanucci – ganham suas monografias.

Por desconhecer as fontes, na abrangente listagem de trabalhos acadêmicos que realizei naquele momento não constam trabalhos sobre João Filgueiras Lima, arquiteto cuja obra já era de amplo conhecimento e difusão, ao menos desde o livro monográfico organizado por Giancarlo Latorraca no ano 2000.[5] Ao me esquecer do arquiteto, ficaram fora do inventário ao menos quatro dissertações de mestrado que já haviam sido defendidas em importantes programas de pós-graduação: de Elane Ribeiro Peixoto, na FAU USP, em 1996;[6] de Gislene Passos Ribeiro, na FAU Mackenzie, em 2004;[7] de Jorge Isaac Perén Montero, na EESC USP, em 2006;[8] e de Eduardo Westphal, na FA UFRGS, em 2007.[9]

Se tivesse eu escrito a resenha no ano seguinte, a omissão seria improvável. Em 2009, Giancarlo Latorraca, diretor técnico do Museu da Casa Brasileira – MCB, convidou a Romano Guerra Editora para realizar duas publicações relacionadas a Lelé: o catálogo da exposição que ocorreria no museu no ano seguinte, de 20 de julho a 19 de setembro de 2010; e um livro escrito pelo próprio arquiteto, em que narrava sua experiência arquitetônica e urbanística na área da saúde. O catálogo acabou sendo publicado sem nossa participação[10] e lançado durante a exposição, enquanto o livro acabou demorando além do previsto e foi finalizado pela RG apenas em 2012.[11]

Meu conhecimento um tanto superficial e protocolar da obra de Lelé mudaria por completo após conhecer André Marques durante o processo seletivo para ingresso no programa de pós-graduação da FAU Mackenzie. Na ocasião, o candidato já manifestava a intenção de realizar seu mestrado tendo a obra de João Filgueiras Lima como tema, além de demonstrar conhecimentos gerais e específicos que me chamaram a atenção. Após sua aprovação, nos encontramos por duas vezes na exposição de Lelé no MCB – na primeira vez, por acaso; na segunda, combinada, vimos e comentamos juntos a mostra, e selamos o acordo de orientação.[12]

Depois disso, os dados e informações se ampliariam exponencialmente, pois ao mesmo tempo em que conhecia melhor os projetos de Lelé durante a produção do livro, André me municiava com um sem-número de informações sobre as obras e a trajetória pessoal do arquiteto.[13] Curiosidade ilimitada e disposição sem freios, combinação ideal, nem sempre presente, para uma investigação profícua: cobrir a bibliografia disponível sobre o arquiteto, visitar as obras comentadas, entrevistar o arquiteto quando possível, escrutinar seus desenhos, redesenhar seus croquis... Não seria exagerado dizer que, em alguma medida, André Marques mimetizou o próprio personagem, chegando a trajar a jaqueta azul maoista, tão habitual no vestuário de Lelé, para descobrir o simbolismo que o gesto exprimia.[14]

Os trabalhos monográficos ausentes de minha resenha me chegaram ao conhecimento por intermédio de André Marques. Além das quatro dissertações comentadas, outros dois textos acadêmicos desenvolvidos na FAU USP foram descobertos pelo pesquisador: o mestrado de Cristina Câncio Trigo, de 2009;[15] e o doutorado de Ana Gabriella Lima Guimarães, de 2010.[16] Distinto dos demais, que centram seu interesse na obra construída, da qual fazem um panorama, este último registra as conexões de Lelé com a arquitetura internacional, ao "estabelecer parâmetros e/ou vinculações da obra de Lelé com as obras de arquitetos high-tech como Norman Foster, Nicholas Grimshaw, Michael Hopkins, Renzo Piano, entre outros".[17] Ao tratar da relação entre a obra de Lelé e a arquitetura voltada para a produção seriada – um dos binômios explicativos de André Marques, ao lado das preocupações ambientais –, essa tese foi inspiradora.

Contudo, algumas dissertações de mestrado escaparam ao pesquisador e ao seu orientador: a da própria Ana Gabriella Lima Guimarães, defendida em 2003 na Escola de Engenharia de São Carlos sob orientação de Hugo Segawa,[18] e a de Adalberto Vilela, orientada pela experiente Sylvia Ficher e defendida em janeiro de 2012 no curso de pós-graduação da FAU UnB.[19] Esses trabalhos teriam sido de extrema utilidade, pois vinculam projetos de Lelé ao pensamento e à obra de Richard Neutra,[20] em especial a preocupação ambiental, um dos binômios explicativos de André Marques ao lado da industrialização leve proposta por Prouvé. Por fim, destaca-se a ausência da dissertação de Mariele Lukiantchuki, defendida em 2010 na EESC USP, que também teria sido útil à argumentação de Marques por tratar do Hospital Sarah, um dos quatro projetos examinados no último capítulo.[21]

De resto, não custa lembrar que o impacto provocado no Brasil pela experiência de Neutra em Porto Rico, registrada no livro *Arquitetura social em países de clima quente*,[22] já havia sido assinalado no artigo de Claudia Loureiro e Luiz Amorim publicado em 2002,[23] e o interesse amplo e difuso que esse livro angariou dentre os arquitetos brasileiros fora destacado por Adriana Irigoyen[24] e

Patrícia Pimenta Azevedo Ribeiro[25] em suas teses de doutorado na FAU USP, de 2005 e 2007, respectivamente. Eu mesmo, a partir de 2011, comecei a orientar as pesquisas de Fernanda Critelli sobre as viagens do arquiteto austríaco para a América Latina e sua interlocução com diversos países latino-americanos, em especial com o universo arquitetônico brasileiro, pesquisas que se desdobraram em três monografias nos níveis de iniciação científica (2012), mestrado (2015) e doutorado (2020),[26] além de um artigo apresentado no evento Enanparq Natal 2012,[27] levantando questões, abordagens e bibliografia incorporadas no trabalho de André Marques. Por fim, até o próprio Lelé havia revelado interesse pela obra de Neutra em várias situações, como se vê, por exemplo, no seu depoimento a Cynara Menezes em 2004.[28]

Esse conjunto de informações permitirá a André Marques delinear o que ele chama de "estratégias bioclimáticas", fundamentalmente a busca constante de João Filgueiras Lima por uma ventilação passiva eficaz para insuflar ar em suas edificações, priorizando as forças da natureza em detrimento do embarque de tecnologia. É perspicaz a passagem na qual Marques relaciona estratagemas de ventilação natural presentes na arquitetura vernácula ou primitiva e as reinterpretações propostas por Lelé e Norman Foster, que chegam por caminhos diversos a soluções semelhantes para o clima quente e seco. No Hospital Sarah

Kubitschek de Salvador, de 1991, o arquiteto brasileiro vai canalizar os ventos em túneis técnicos, com o ar rebaixado em sua temperatura e livre da poeira graças a chafarizes estrategicamente localizados em espelhos de água externos, lindeiros à construção (solução que repetirá no Sarah de Fortaleza, de 1992). Foster, por sua vez, vai estudar com acuidade as estratégias passivas de cidades tradicionais no Oriente Médio e de tribos do deserto para projetar uma torre de captação do vento, com esguichos de água internos para refrigerar o ar que vai ventilar a cidade de Masdar (2007-2014), construída no deserto de Abu Dhabi.[29]

O rigor de André Marques se revela no enfrentamento das obras construídas, com descrição fiel dos aspectos técnico-construtivos e foco no desempenho real do edifício avaliado. Assim, a Escola Transitória de Abadiânia (1982-1984) nos é apresentada com suas qualidades espaciais e construtivas, mas também com seus defeitos e limitações no aspecto ambiental – os pequenos sheds para ventilação e iluminação naturais não funcionam adequadamente. Olhar atento que identifica em Lelé a preocupação constante com a performance, uma ação pensada como laboratório experimental baseado em "recorrência e aperfeiçoamento". Assim, o arquiteto vai experimentar em obras distintas o mesmo dispositivo, mas corrigido a cada etapa à luz dos problemas detectados. Em suma, repetir e aprimorar como princípios de projeto. O porte cada vez maior dos sheds observado na série de projetos do arquiteto é entendido como evolução conquistada no ajuste constante do elemento técnico em busca do controle das forças naturais. Nesse ponto é que se encontram as duas matrizes intelectuais que impactam o pensamento e a obra de Lelé, segundo André Marques: a busca de uma arquitetura ambientalmente apropriada a ser construída com coordenação modular e repetição seriada.

Curiosamente, Richard Neutra e Jean Prouvé estiveram juntos no Brasil em 1959, como participantes do Congresso Internacional Extraordinário de Críticos de Arte, que discutiu o tema "Cidade nova: síntese das artes" em três cidades sede: São Paulo, Rio de Janeiro e Brasília,[30] a futura nova capital ainda em obras e que seria nos anos seguintes local da relevante atuação de Filgueiras Lima, responsável pela construção de edifícios da cidade universitária, em especial o Instituto Central de Ciências – conhecido como "Minhocão" e de autoria de Oscar Niemeyer –, e o Colina, blocos residenciais de sua autoria, construídos com pré moldados, para abrigar professores.

Se a relação com Richard Neutra é mais evidente e documentada, a com Jean Prouvé é mais conceitual e difusa. Durante a primeira parte da pesquisa, o arquiteto francês aparecia em posição destacada, mas não tinha o protagonismo que acabaria ocupando na versão final. No subcapítulo "Racionalização e eficiência", parte prevista do segundo capítulo sobre industrialização, constavam algumas citações recortadas de textos de Prouvé, acompanhadas de uma nota de aviso ao leitor: "Esta parte está sendo desenvolvida".[31] O que era uma ideia potencial ganha apoio e incentivo dos professores e arquitetos Rafael Perrone (FAU Mackenzie) e Paulo Bruna (FAU USP), membros da banca de qualificação. O uso intensivo de chapas metálicas dobráveis e montagem manual tornava Prouvé o mais próximo de Lelé dentre os arquitetos mais importantes da arquitetura industrializada em metal – foi esse o mote da conversa ocorrida no dia 3 de fevereiro de 2012, que acabou induzindo a personalização dos capítulos 2 e 3, associando a industrialização ao francês e a questão ambiental ao austríaco.

No dia 9 de novembro de 2012, às 15 horas, no mesmo edifício João Calvino, com os mesmos membros da banca de qualificação, a dissertação de André Marques foi aprovada com distinção e indicada para publicação. O capítulo 1 trazia o mesmo título "Cultura arquitetônica e sociedade (o monge/o hippie)" e poucas modificações; registra a formação acadêmica e intelectual de Lelé, suas preferências e afinidades eletivas, seu grupo de interlocução, em especial com Oscar Niemeyer, um de seus mentores. O segundo capítulo "Arquitetura e indústria (o desenhista industrial)" torna-se "Arquitetura e indústria (construção) – conversando com Jean Prouvé", e o capítulo "Arquitetura e meio ambiente (o ecólogo)" se transforma em "Arquitetura e meio ambiente (ambientação) – conversando com Richard Neutra". Os dois aspectos destacados na obra de João Filgueiras Lima, construção e ambientação, se articulam agora de forma menos esquemática.[32] A maior transformação ocorre nos projetos comentados, originalmente seis, divididos em dois grupos dispostos após os capítulos 2 e 3, que se reduziram a quatro mais expressivos – Escola Transitória de Abadiânia, Prefeitura de Salvador, Hospital Sarah Rio e Residência Roberto Pinho (caíram a Creche Mais e o Memorial Darcy Ribeiro) –, agora reunidos em um quarto capítulo, originalmente inexistente. Dessa forma, a interpretação de cada um dos projetos se faz a partir dos dois conceitos propostos, finalizando com a análise de espécimes, tendo como pano de fundo a história profissional do arquiteto, suas predileções e idiossincrasias. A última metamorfose ocorre no novo título escolhido para o livro, mais sintético e simbólico – *Lelé: diálogos com Neutra e Prouvé*.

Em uma publicação que gosto muito, destaco dois feitos do autor, nos quais se verifica que na evolução de um trabalho alguns elementos se desenvolvem e ganham novo estatuto, enquanto outros fixam sua permanência desde o início. O primeiro é a reelaboração de todos os desenhos e croquis, levando ao limite a empatia com a obra do arquiteto estudado. Os redesenhos estavam presentes aqui e acolá nas versões anteriores, mas na publicação a opção se radicaliza e, exceto a foto de Celso Brando na capa, a de Lelé registrada por André Marques e as de Nelson Kon abrindo os capítulos, todas as demais ilustrações são de autoria de André Marques. Essa mudança radical da iconografia diferencia de sobremaneira o livro da dissertação. O segundo feito destacado é a criteriosa relação das fábricas montadas por Lelé ao longo das décadas, ausente dos livros do próprio arquiteto. Esse pequeno detalhe de extrema relevância já está presente no memorial de qualificação, permanece na dissertação de mestrado e está impresso no livro.[33] A única mudança ocorre na última instituição relacionada, o Instituto Brasileiro do Habitat – IBH (2010-2014), situado em Salvador. Nos dois primeiros textos aparece apenas a data de criação, enquanto no livro é incluído o ano de fechamento da derradeira fábrica de Lelé. O arquiteto, pensamento e músculo do empreendimento, falece em 21 de maio de 2014 e, no mesmo ano, a instituição encerra suas atividades.

Um trabalho acadêmico é parte de uma construção coletiva. Assim como se beneficiou de diversas pesquisas anteriores, a dissertação de mestrado de André Marques se tornou uma das interpretações referenciais da obra do arquiteto João Filgueiras Lima, Lelé. É interlocutor importante de trabalhos acadêmicos desenvolvidos nos anos seguintes em universidades de ponta, como o mestrado de Michel Hoog Chaui do Vale, defendido na FAU USP em 2016, orientado por Maria Cristina da Silva Leme,[34] e os doutorados de Aristóteles de Siqueira Campos Cantalice II, defendido na UFPE em 2015, sob orientação de Fernando Diniz Moreira,[35] de Sérgio Kopinski Ekerman, defendido na UFBA em 2018 e orientado pela dupla Naia Alban Suarez e Nivaldo Vieira de Andrade Junior,[36] e de Adalberto Vilela, defendido no Swiss Federal Institute of Technology de Zurique em 2018, orientado por Laurent Stalder.[37] É também citado em artigos científicos publicados em revistas e anais de seminários[38] e faz parte de ementa de disciplina na UFBA ministrada pelos professores José Fernando Minho e Ceila Cardoso.[39] Creio não serem necessários argumentos extras para justificar sua publicação!

NOTAS

1. Programa de Pós-graduação em Arquitetura e Urbanismo, Faculdade de Arquitetura e Urbanismo, Universidade Presbiteriana Mackenzie. Área de concentração: "Projeto de arquitetura e urbanismo"; linha de pesquisa: "Arquitetura moderna e contemporânea: representação e intervenção"; projeto de pesquisa: "Arquitetura moderna e contemporânea: metodologia, pesquisa e difusão"; coordenador Abilio Guerra.

2. MARQUES, André Felipe Rocha. *A obra de João Filgueiras Lima, Lelé: projeto, técnica e racionalização.*

PREFÁCIO _____

3. FERRONI, Eduardo Rocha. *Aproximações sobre a obra de Salvador Candia.*

4. GUERRA, Abilio. Monografia sobre Salvador Candia e a necessidade de um diálogo acadêmico.

5. LATORRACA, Giancarlo (Org.). *João Filgueiras Lima, Lelé.*

6. PEIXOTO, Elane Ribeiro. *Lelé: o arquiteto João da Gama Filgueiras Lima.*

7. RIBEIRO, Gislene Passos. *Conforto ambiental e sustentabilidade do edifício na obra de João Filgueiras Lima (Lelé).*

8. PERÉN MONTERO, Jorge Isaac. *Ventilação e iluminação naturais na obra de João Filgueiras Lima, Lelé: estudo dos hospitais da rede Sarah Kubitschek – Fortaleza e Rio de Janeiro.* O Departamento de Arquitetura e Urbanismo da Escola de Engenharia de São Carlos, unidade da Universidade de São Paulo situada no interior do estado, se tornou independente quando foi criado o Instituto de Arquitetura e Urbanismo – IAU USP São Carlos, em 14 de dezembro de 2010.

9. WESTPHAL, Eduardo. *A linguagem da arquitetura hospitalar de João Filgueiras Lima.*

10. RISSELADA, Max; LATORRACA, Giancarlo. *A arquitetura de Lelé: fábrica e invenção.*

11. LIMA, João Filgueiras (Lelé). *Arquitetura. Uma experiência na área de saúde.*

12. A relação teve fruto imediato, pois a visita do orientando a duas unidades da Base de Apoio Comunitário de Ribeirão Preto, projeto de Lelé, resulta em pequeno artigo publicado no mês seguinte: MARQUES, André. BACS Ribeirão Preto. Obras do arquiteto João Filgueiras Lima, Lelé. Posteriormente, outra visita à obra se torna um pequeno ensaio sobre a Prefeitura de Salvador, também publicado pelo autor antes da defesa do mestrado: MARQUES, André. Sede transitória da Prefeitura de Salvador. Aspectos da racionalização e contexto histórico.

13. A interlocução acabou resultando em artigo publicado originalmente na Itália, em dossiê especial sobre o arquiteto: GUERRA, Abilio; MARQUES, André. João Filgueiras Lima, ecologia e razionalità / João Filgueiras Lima, ecology and rationality.

14. Sobre a jaqueta comunista chinesa, o traje Zhongshan, e a relação pessoal do autor com Lelé, ver: MARQUES, André. Lembranças de meu último encontro com Lelé.

15. TRIGO, Cristina Câncio. *Pré-fabricados em argamassa armada: material, técnica e desenho de componentes desenvolvidos por Lelé.*

16. GUIMARÃES, Ana Gabriella Lima. *A obra de João Filgueiras Lima no contexto da cultura arquitetônica contemporânea.*

17. MARQUES, André Felipe Rocha. *A obra de João Filgueiras Lima, Lelé: projeto, técnica e racionalização* (op. cit.), p. 64.

18. GUIMARÃES, Ana Gabriella Lima. *João Filgueiras Lima: o último dos modernistas.*

19. VILELA, Adalberto. *A casa na obra de João Filgueiras Lima, Lelé.*

20. Relação também feita pelo já mencionado mestrado de Eduardo Westphal.

21. LUKIANTCHUKI, Marieli Azoia. *A evolução das estratégias de conforto térmico e ventilação natural na obra de João Filgueiras Lima, Lelé: Hospitais Sarah de Salvador e do Rio de Janeiro.*

22. NEUTRA, Richard. *Arquitetura social em países de clima quente.*

23. LOUREIRO, Claudia; AMORIM, Luiz. Por uma arquitetura social: a influência de Richard Neutra em prédios escolares no Brasil.

24. IRIGOYEN DE TOUCEDA, Adriana Marta. *Da Califórnia a São Paulo.*

25. RIBEIRO, Patricia Pimenta Azevedo. *Teoria e prática: a obra do arquiteto Richard Neutra.*

26. CRITELLI, Fernanda. *Richard Neutra no Brasil*; CRITELLI, Fernanda. *Richard Neutra e o Brasil*; CRITELLI, Fernanda. *Richard Neutra: conexões latino-americanas.*

27. Artigo apresentado no II Encontro da Associação Nacional de Pesquisa e Pós-graduação em Arquitetura e Urbanismo – Enanparq, Natal, 18 a 21 de setembro de 2012. Publicação posterior: GUERRA, Abilio; CRITELLI, Fernanda. Richard Neutra e o Brasil.

28. Comenta Lelé: "e tinha ainda Richard Neutra, com uma proposta muito requintada em termos de acabamento, mista de aço e concreto. Usava estrutura metálica também, como eu". LIMA, João Filgueiras. *O que é ser arquiteto: memórias profissionais de Lelé (João Filgueiras Lima); em depoimento a Cynara Menezes*, p. 34.

29. Essa semelhança entre projetos de Lelé e Foster, notada por André Marques, me faz lembrar de fato insólito e ilustrativo. Durante a produção do livro de Lelé, recebemos em nossa editora a visita de importante arquiteta do escritório Foster and Partners. Ao passar diante de um computador com um dos hospitais da rede Sarah estampado na tela, ela teve a reação automática de se aproximar, olhar e se interessar pela edificação. Detectou de imediato as conexões entre os raciocínios dos arquitetos brasileiro e britânico e não se furtou ao comentário: "Muito inteligente esse projeto".

30. LOBO, Maria da Silveira; SEGRE, Roberto (Org.). *Congresso Internacional Extraordinário de Críticos de Arte. Cidade nova: síntese das artes.*

31. MARQUES, André Felipe Rocha. *A obra de João Filgueiras Lima, Lelé: projeto, técnica e racionalização* (memorial de qualificação), p. 44-46.

32. "Quando pensamos nas duplas conceituais ciência e arte ou tecnologia e natureza, parece que estamos falando de coisas antagônicas. No entanto, é possível encontrar tais questões convivendo em sua plenitude nas obras de João Filgueiras Lima". MARQUES, André Felipe Rocha. *A obra de João Filgueiras Lima, Lelé: projeto, técnica e racionalização* (op. cit.), p. 168.

33. Ver p. 69 deste livro.

34. VALE, Michel Hoog Chaui do. *João Filgueiras Lima (Lelé): arquitetura pública e urbanismo em Salvador (1979-81 e 1986-88).*

35. CANTALICE II, Aristóteles de Siqueira Campos. *Descomplicando a tectônica: três arquitetos e uma abordagem.*

36. EKERMAN, Sérgio Kopinski. *Tecnologia e transformação: pré-fabricação para reestruturação de bairros populares e assistência técnica à autoconstrução.*

37. VILELA, Adalberto. *Architecture without Applause. The Manufactured Work of João Filgueiras Lima, Lelé.*

38. Como exemplos, menciono três artigos: MIYASAKA, Elza Luli; FERRARI-CAIXETA, Michele C. B.; MINTO-FABRÍCIO, Marcio. Arquitectura e industrialización de la construcción en la obra de João Filgueiras Lima – Lelé; PAZ, Daniel Juracy Mellado. Um sonho de unidade: João Filgueiras Lima e sua Gesamtkunstwerk; SENA, Rodrigo Oliveira; EKERMAN, Sergio Kopinski. O centro histórico de Salvador como laboratório: o restauro do Plano Piloto da Ladeira da Misericórdia. Teorias e práticas de intervenção no moderno.

39. ARQB43 – Temas especiais em projetos de arquitetura, urbanismo e paisagismo. Relatos de um aprendizado: sobre a arquitetura de Lelé (plano de ensino). Professores José Fernando Minho e Ceila Cardoso <https://bit.ly/32PKbUp>.

O MONGE E O HIPPIE

ARQUITETURA E SOCIEDADE

João Filgueiras Lima, Lelé. Foto André Marques

João Filgueiras Lima, Lelé, inicia sua carreira de arquiteto no início dos anos 1960, período marcado por grandes mudanças culturais. Com a construção de Brasília, o Brasil inicia uma nova ocupação no interior do país. suas cidades começam a crescer vertiginosamente a partir dessa década, resultando em uma transformação territorial mais urbana, terciária e industrial, descaracterizando o Brasil como um país agrícola. No mundo, os avanços tecnológicos se processam cada vez mais rapidamente, mudando formas antigas de viver. As novas tecnologias são impulsionadas com a corrida espacial e o mundo se polariza de forma extrema em torno dos Estados Unidos e da hoje extinta União Soviética.

Em 1959, no período de 17 a 25 de setembro, acontece em Brasília – sete meses antes de sua inauguração oficial –, São Paulo e Rio de Janeiro, o Congresso Internacional Extraordinário de Críticos de Arte, tendo como tema *Cidade nova: síntese das artes*. Entre os presentes se destacam arquitetos e críticos, como Alberto Sartoris, Giulio Carlo Argan, Stamo Papadaki, Richard Neutra, Bruno Zevi, Jean Prouvé, Gillo Dorfles, Tomás Maldonado, Flávio Motta, Mário Pedrosa, Willian Holford, Eero Saarinen, Charlotte Perriand e, naturalmente, Oscar Niemeyer.

Esse evento teve desdobramentos no meio arquitetônico internacional. Em 1982, Jean Prouvé comenta, em conversa com

Armelle Lavalou, as mudanças da arquitetura e, por consequência, dos arquitetos. Lembra de quando esteve no Brasil para o Congresso Internacional e como este influenciou o arquiteto finlandês
Eero Saarinen.

A mais caracteristica [mudança] foi a do Saarinen. Ele acabava
de realizar os edifícios da General Motors [...]. Eu estive com
Saarinen no Brasil. Ele me confiou: *estou cheio de fazer cubos
de açúcar!* Foi nesta época que construiu o edifício da TWA no
Aeroporto Kennedy.[1]

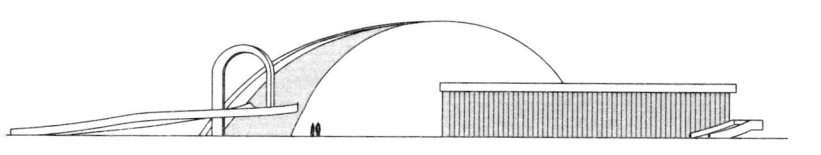

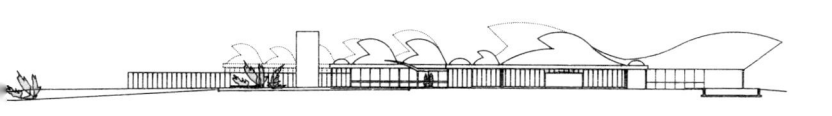

Fundação Oscar Niemeyer, elevação, Niterói RJ. Oscar Niemeyer,
2002. Hospital Sarah Rio de Janeiro, elevação, Rio de Janeiro RJ.
João Filgueiras Lima, 2002. Redesenhos de André Marques

Podemos imaginar o impacto da obra de Oscar Niemeyer em Eero Saarinen, ao criar a magnífica obra do terminal da TWA, em Nova York. Essa enorme influência de Oscar atuou no repertório formal da arquitetura mundial. No início do século 21 ainda podemos perceber o legado deixado pelo mestre brasileiro em quase toda arquitetura contemporânea, desde os arquitetos brasileiros aos estrangeiros.

O LEGADO DE OSCAR NIEMEYER E DA UNIVERSIDADE DE BRASÍLIA

Lelé, graças à sua experiência anterior na construção de edifícios habitacionais para o antigo Instituto dos Aposentados e Pensionistas Bancários – IAPB, se integra ao grupo de profissionais responsáveis pela construção da nova Universidade do Brasil na recém-construída capital. O primeiro reitor da Universidade de Brasília – UnB, como hoje é denominada, foi o antropólogo Darcy Ribeiro, sendo Oscar Niemeyer o coordenador do curso de tecnologia. Lelé torna-se secretário para o desenvolvimento do plano urbanístico para a implantação da universidade e constrói inúmeros pavilhões, sendo o conjunto Colina – edifícios residenciais para os professores – a maior obra desse período.

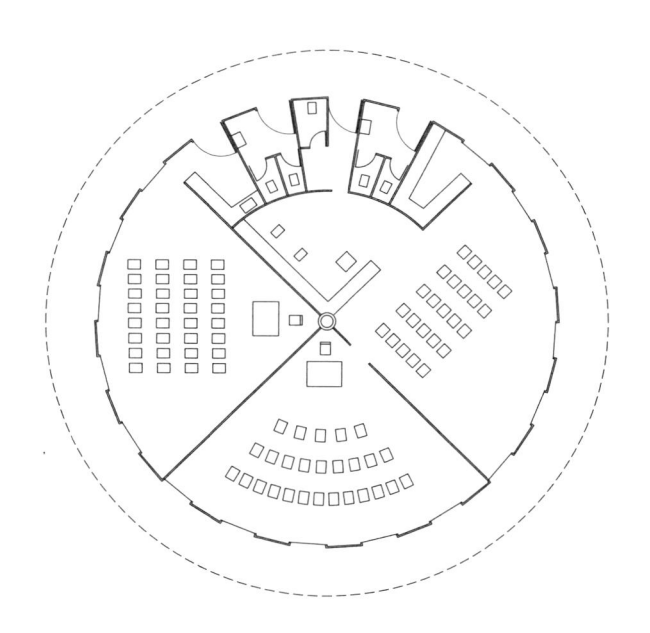

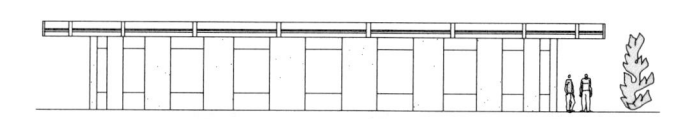

Escola rural pré-fabricada, planta e corte. Oscar Niemeyer, 1963.

Redesenho de André Marques

Um fato importante na UnB consiste na liderança de Niemeyer no uso da técnica da pré-fabricação. No final dos anos 1950, ele utiliza estruturas pré-fabricadas em inúmeros projetos, sendo que no desenho de uma escola rural, de 1963, podemos encontrar preocupações presentes na obra de Lelé para a Escola Transitória de Abadiânia.

Em sua trajetória, Oscar Niemeyer projetou e construiu obras importantes com estruturas pré-fabricadas, tanto no exterior – Universidade de Constantine em Argel, Argélia (1969-1972), Sede da Fata-European Group em Turim, Itália (1974-1975) – como no Brasil – caso do Ministério do Exército em Brasília (1967).

O palácio do exército de Brasília – que se completava com mais oito blocos num total de 1.900 metros corridos, justificando a pré-fabricação – a solução adotada é a mais radical possível com apenas dois elementos pré-fabricados: apoios de 16 metros de altura e lajes de 15 x 5. E o edifício surgiu como um verdadeiro palácio, provando que a pré-fabricação, quando bem concebida, não significa vulgaridade.[2]

Para a UnB, além do prédio principal, conhecido como *Minhocão*, Niemeyer propõe a construção do edifício residencial para os estudantes com células pré-fabricadas empilháveis, montadas por gruas. Cada habitação era sobreposta de forma intercalada, criando entre cada duas um jardim privativo, solução que podemos relacionar a um edifício contemporâneo – o Habitat 67, de Moshe Safdie (1938) –, que tinha como filosofia "um jardim para cada um".[3]

Mas a pré-fabricação pode ter os aspectos mais diferentes e, como um jogo de armar, ser feita como unidades completas e independentes. Na Universidade de Brasília estudamos um tipo de habitação para estudantes – sem fundação especial – no qual as unidades habitacionais, inteiramente prontas, seriam simplesmente colocadas sobre o terreno, nivelado, uma sobre as outras – e alternadas – para que o teto de uma servisse de terraço-jardim para a outra. A solução era tão flexível que permitiria variar todo o conjunto.[4]

Observando as obras de Niemeyer do período entre 1980 e 2000, constata-se que o arquiteto se afastou dessa questão. Ele tem como premissa máxima a invenção, tornando-se um arquiteto da criatividade e afastado da técnica. Para ele, a racionalização e a industrialização dependem de demanda, levando assim o caráter de obra única a seus últimos projetos. Niemeyer conclui em um dos seus famosos textos sobre "problemas da arquitetura", como considera a questão da pré-fabricação:

É claro que a pré-fabricação representa uma limitação e só deve ser aplicada quando problemas de economia e rapidez os reclamam. De outro lado seria a fantasia desnecessária, um obstáculo à própria imaginação do arquiteto.[5]

Apesar das semelhanças formais entre a obra de João Filgueiras Lima e Oscar Niemeyer, elas diferem principalmente pelas questões construtivas. Os edifícios de Niemeyer são construídos de forma artesanal, sofrendo inúmeras deformações pelas técnicas mal aplicadas. Atualmente, é fácil notar acabamentos ruins no concreto, caixilharias mal desenhadas e problemas sérios de manutenção. Essa visão crítica aumenta, principalmente, após a construção de Brasília; é possível imaginar quantas toneladas de madeira foram necessárias para construir os palácios da nova capital.

De forma distinta, quando observamos a obra de Lelé, notamos que as questões construtivas são em grande medida prioritárias. João Filgueiras Lima afirma que a "racionalização não depende da escala",[6] demonstrando que o projeto necessita de uma racionalização para evitar desperdícios generalizados, tanto na sua configuração espacial quanto na sua construção. Essa preocupação é – ao menos em parte – tributária da profunda mudança cultural do final dos anos 1960, em que o mundo começa a se conscientizar acerca da destruição dos recursos naturais, como aparece no discurso do arquiteto, associado à questão social da exploração do trabalho, em depoimento nos anos 1970:

A gente só deve propor uma pré-fabricação quando ela se justifica. Por outro lado, também acho que não devemos aceitar condições vulgares que predominam hoje na construção. A gente tem que se colocar numa posição radical, antagônica aos abusos que a construção civil propicia, quer em termos de destruição de elementos naturais, quer de exploração de mão de obra. A gente vê, em Brasília, as matas ciliares todas destruidas. Quem é que vê mais pinho do Paraná? E um pinheiro daqueles que demoram quarenta anos para crescer. [...] A construção civil, da forma em que ainda é colocada no Brasil, tem a filosofia do desperdicio e da exploração mais vil possivel da mão de obra, que chamam de desclassificada.[7]

À dupla agenda – preocupações ecológicas e sociais – soma-se uma terceira, de caráter plástico. Lelé sempre deixou claro seu olhar atento para a obra de Niemeyer, assumindo, sem constrangimentos, um traço que muito sugere a obra do mestre. Assim como Niemeyer, baseia sua obra numa tipologia formalista, na qual os edifícios são claramente definidos e desenvolvidos a partir de suas formas, e não por suas funções. Lelé chega a se declarar um subproduto de Oscar Niemeyer.

Por uma contingência de vida, o destino me jogou pro outro lado, eu fui obrigado a absorver essa coisa de tecnologia, e o Oscar sempre trabalhou com o concreto da forma mais livre possível... Escultórica. E eu fiquei assim, quer dizer, não estou querendo me comparar com o Oscar, sou um subproduto. Estou apenas justificando como é que foi a forma de influência.[8]

Encontramos também na obra de Lelé inúmeras formas que se repetem, podendo assumir diferentes funções. As formas das plantas e elevações quase sempre são retângulos, quadrados, círculos, semicírculos ou trapézios. Formas puras e de fácil percepção, que são valorizadas pelas cores brancas em suas empenas. Lelé utiliza-se de toda gramática e sintaxe de Oscar Niemeyer, adotando, nas palavras de Darcy, um estilo "oscárico".[9]

Nunca vi, em tempo algum, nada de tão ousado como a liberdade plástica que Oscar se dá como arquiteto, e a coragem com que ele cria as coisas mais inesperadas, como se fizesse obra trivial, inclita. Por este caminho é que, ao longo das décadas, ele foi construindo um padrão oscárico, que hoje é um dos pendores da arquitetura mundial. Não é impossível que, amanhã, se fale de arquitetura oscárica como um substantivo comum. Que ninguém se engane pensando que Oscar é um arquiteto brasileiro, inspirado nas curvas de nossas belas mulheres e de nossas majestosas montanhas. Qual! Nada disso. Oscar é a realização até o limite da capacidade humana de criar beleza.[10]

A beleza do racionalismo europeu, dado pelos prismas ortogonais brancos, é colocada em questão por Niemeyer na utilização da plasticidade e liberdade construtiva do concreto armado. O arquiteto compreende o concreto armado na sua possibilidade construtiva através da fundição de moldes: criando peças esculróricas como marquises, colunas, arcos, abóbadas ou cúpulas. Darcy Ribeiro deixa claro que a expressividade plástica de Oscar Niemeyer não é somente uma questão de caráter nacional brasileiro, e sim uma alternativa cultural qualquer, como: "o limite da capacidade humana de criar a beleza".

Niemeyer foi importante também para a formação cultural de Lelé. Aproximou João Filgueiras no Partido Comunista do Brasil – PCB, ao qual ele nunca se filiou, mas com o qual compartilhava seus ideais políticos e ideológicos. Durante o período da UnB, na companhia de Niemeyer, Lelé participava das reuniões do PCB e, já nos anos 1980, esteve na China, onde pôde conhecer as heranças da Revolução Cultural de Mao Tsé-tung, ocorrida em 1966. Ele gostou de muitas coisas que viu – poucos carros e a população utilizando bicicletas como transporte individual; apesar do *barulho infernal* das campainhas das bicicletas, aquilo o agradou. Menciona ainda o vestuário, todos com as jaquetas azuis de Mao (conhecidas na China por traje Sun Zhongshan). Uma jaqueta azul, estilo militar com quatro bolsos com aba e botões pretos, que ele incorporou ao seu vestuário por mais de trinta anos.

INSPIRAÇÃO E INFLUÊNCIAS

No início de suas trajetórias, inúmeros arquitetos buscam nas experiências de outros colegas soluções que os inspirem na resolução de suas obras. O caso de João Filgueiras Lima não é diferente, como pudemos observar em relação às preocupações com a pré-fabricação, que absorve de Oscar Niemeyer. Contudo, de maneira direta ou indireta, outros mestres da arquitetura – Alvar Aalto, Mies van der Rohe, Marcel Breuer, Buckminster Fuller e Lúcio Costa – poderiam ser mencionados como influentes na construção de um repertório que será fundamental na produção arquitetônica de Lelé.

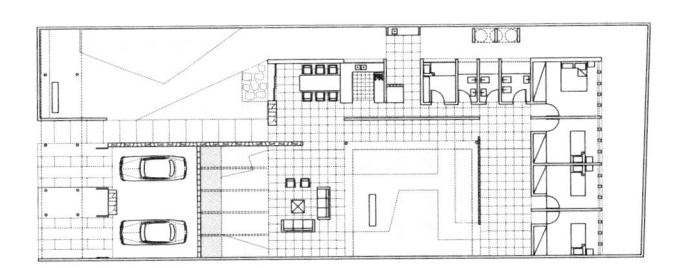

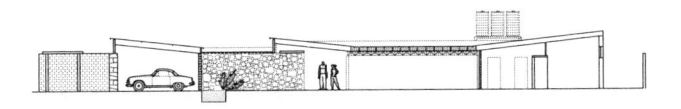

Casa de praia Paulo Demoro, planta e corte, Araruama RJ. Aldary
Toledo, 1954. Redesenho de André Marques

Outro arquiteto importante no início de sua carreira
foi Aldary Toledo,[11] com quem ele trabalhou no IAPB. Toledo
foi fundamental para a formação artística e técnica de Lelé,
que vinha de um colégio militar: "Aldary abriu meus olhos e
fui muito influenciado por ele, até pela arquitetura que fazia,
mas, na verdade, estava num período de esponja, de absorver
o que fosse".[12] Essa afirmação demonstra o quanto Lelé estava
aberto a arquitetos experientes e de posição intelectual mais
voltada às preocupações ideológicas da arquitetura.

Na época de estudante, frequentava a casa de Toledo, que mantinha um grupo de alunos para discutir arquitetura e arte. Grupo que se formou por acaso – graças a um sobrinho do arquiteto – e se manteve por gerações de formandos, já que os veteranos levavam colegas novatos. Os alunos que mais se destacavam trabalhavam também como estagiários para Aldary, como é o caso de Lelé. Nesse ambiente, conheceu Oscar Niemeyer e Darcy Ribeiro, com quem posteriormente realizou inúmeros trabalhos.[13]

Aldary Toledo trabalhou com Jorge Machado Moreira na implantação da Cidade Universitária do Rio de Janeiro na Ilha do Fundão, respectivamente como arquiteto-adjunto e arquiteto-chefe. No projeto do Hospital de Puericultura na Cidade Universitária (1949-1953) podemos encontrar diversos aspectos mais tarde reproduzidos na obra de João Filgueiras Lima:

O USO DA QUINTA FACHADA COM SHEDS, A SÍNTESE DAS ARTES E A PLANTA FUNCIONALISTA – UMA CIRCULAÇÃO-TRONCO QUE UNE TRÊS EDIFÍCIOS, RESULTANDO EM PÁTIOS ABERTOS PARA A PAISAGEM. UMA FLAGRANTE INFLUÊNCIA DE UM PROJETO PARA OUTRO.

Outro projeto que teve grande impacto nas obras posteriores de Lelé é a residência Paulo Demoro, em Araruama, Rio de Janeiro. Construída no período em que Lelé trabalhava no IAPB, sob a coordenação de Toledo, apresenta soluções espaciais criativas – cobertura leve, treliça metálica industrializada, jardins externos e internos, ambientes separados por divisórias, ora vazadas, ora opacas, que permitem a ventilação constante do espaço – e merece destaque também pela solução adotada para a ventilação natural. A corrente de ar percorre a casa através de uma parede de elemento vazado que separa a garagem do jardim de ambientação, onde Toledo projetou um lago artificial com vegetação autóctone ao redor e protegido por uma fina pérgola. Ao passar por esse jardim, o ar quente se umidifica e tem sua temperatura parcialmente reduzida. Tais soluções se assemelham muito às desenvolvidas por Lelé para os hospitais da Rede Sarah nos anos 1990.

O termo *influência* é entendido aqui como parte importante da concepção do projeto, pois se trata de uma voluntária seleção de repertório por parte de um arquiteto na sua formação profissional, como se pode observar nesta passagem de Abilio Guerra:

Quando se fala de influência na área da cultura, não se pode

perder de vista que o sujeito influenciado escolheu em alguma

medida seu objeto de desejo dentre um conjunto expressivo de
ofertas culturais. A influência cultural é, desde sua origem, um
processamento que implica em seleção e adaptação, mesmo
considerando que em parte ela possa ser contrabandeada
por mecanismos sutis da subjetividade ou por imposições
culturais (em termos psicanaliticos, poderiamos chamar estes
mecanismos de inconsciente e superego).[14]

    É possível notar traços de Marcel Breuer – mais especifica-
mente do projeto para o Centro de Pesquisa da IBM, na França
(1960-1962) – no Centro Administrativo da Bahia, em Salvador
(1973), projetado por Lelé. Em ambos os projetos, destaca-se: a
planta curva, o gabarito baixo (de três a quatro pavimentos), os
materiais aparentes sem acabamentos posteriores e a solução de
soltar parcialmente o corpo do edifício através de elegantes pilotis no térreo. A força estrutural também marca as duas obras:
paredes externas autoportantes divididas em módulos-janelas
criando na fachada um ritmo regular que salienta a forma sinu-
osa do edifício.

    A Igreja de Brotas (1980), em Salvador, é outra obra de
Lelé em que podemos observar grande referência dos arquite-
tos modernos. Ela apresenta inúmeras características da Igreja
Riola (1966-1968) de Alvar Aalto. Ambas têm o predomínio do

tijolo aparente e iluminação natural a partir de sheds na cobertura; e se assemelham no desenho do corte, com a sucessão de semicircunferências escalonadas. Além disso, o shed é também uma solução muito comum em projetos industriais do início do século 20, utilizada, por exemplo, por Le Corbusier e Josep Lluís Sert em projetos que possivelmente influenciaram Aalto.

A influência constatada pode ser confirmada no depoimento de Lelé a Marcelo Ferraz e Roberto Pinho, no qual ele confirma seu apreço por Aalto:

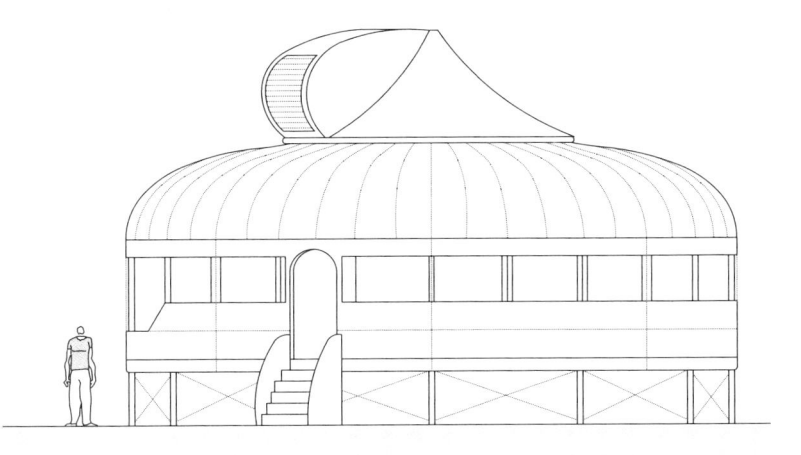

Casa Dymaxion, elevação, Wichita, Estados Unidos. Richard Buckminster Fuller, 1944-1946. Redesenho de André Marques

Depois eu fiz algumas viagens muito proveitosas, principalmente quando fui à Finlândia visitar as obras de Alvar Aalto pessoalmente. Foi excelente! Fui em 1969, já estava um pouco mais maduro. Fiquei um tempo lá, conheci Arne Jacobsen, que tem um trabalho muito bom seguindo a coisa da arquitetura nórdica, que é uma arquitetura diferente, uma proposta que considera o problema do clima e de toda a formação cultural deles. Eu acho que o trabalho do Alvar Aalto é muito rico. Foi uma contribuição enorme![15]

Lelé ainda comenta a importância da arquitetura da Finlândia em seu trabalho:

O que enriquece muito a arquitetura do Alvar Aalto é a preocupação com as funções em um prédio e com os detalhes. Eu acho que ninguém fez isso com mais propriedade do que ele. O detalhe é fundamental, isso você aprende com Aalto, com Chacowiski e vários arquitetos importantes dessa geração. Gosto muito do Arnold, também. Eu aprendi muitas coisas na Finlândia. Visitei uma cidade no Norte do país, Tampere, onde havia um hospital de seiscentos leitos maravilhoso. Eu fiquei empolgado com o hospital; o ambulatório cheio de sheds, com aquela luz entrando (eu fui lá no verão), cheio de jardins e, ao mesmo tempo, com a mais alta tecnologia. Era o único hospital na época, em 1969, onde já faziam cirurgias inteiramente computadorizadas. E apesar de toda a absorção da tecnologia, o prédio era super-humano, com obras de arte, aquela coisa integrada, sem excessos, comedida, com mobiliário bonito, brinquedos. Você fica apaixonado pelos brinquedos de madeira feitos ali.[16]

Outro arquiteto moderno que podemos sugerir como referência à obra de Lelé, mesmo que indiretamente, é Buckminster Fuller, que, nos anos 1920, desenvolveu o projeto de residência industrializada e adaptável a qualquer clima. A Casa Dymaxion provia inúmeros artifícios para resolver as questões climáticas e de conforto, tais como:

TETO AERODINÂMICO PARA MELHOR VENTILAÇÃO DOS AMBIENTES INTERNOS; CAMA DE EMBUTIR; MESA SUSPENSA; E MÁQUINAS DE LAVAR E SECAR ROUPA.

Construída em aço, a casa é suspensa por um único pilar central contendo todas as instalações, distribuídas em planta hexagonal e dividida internamente por biombos pré-fabricados.

A semelhança com Buckminster Fuller diz respeito à inventividade e experimentação. Fuller era acima de tudo um cientista, fato que é possível constatar na análise de suas obras. Generalista ao extremo, desenvolveu projetos cartográficos, desenhou e construiu casas, automóveis e barcos. Na mesma linha, Lelé desenvolveu inúmeros projetos para a Rede Sarah, desde a cama-maca, o ônibus, barcos e elevadores até os mobiliários e os próprios hospitais. Além disso, ambos os projetistas se assemelham ao dizerem ser grandes fracassados em razão do insucesso de inúmeras experiências quando na busca do avanço tecnológico.

Projetistas que transitam nas fronteiras do conhecimento, investigativos, curiosos e insaciáveis na busca do aperfeiçoamento de suas ideias, estarão inevitavelmente suscetíveis ao risco de falhas, dado o conteúdo de inovação indissociáveis de suas descobertas e propostas.[17]

Outra experiência com elementos análogos à obra de João Filgueiras Lima é a Casa Tropical (1949) de Jean Prouvé – protótipos industrializados, montáveis e desmontáveis, para serem utilizadas na África. Com esse projeto, Prouvé busca provar que sua casa industrializada se adapta melhor ao clima quente quando comparada às construções vernaculares da região. De fato, o protótipo provou sua teoria, mas o custo se mostrou inviável: a produção era cara e demorada, e apenas três unidades foram construídas.

UTOPIA E REVOLUÇÕES – CONTRACULTURA

Soyez réalistes: demandez l'impossible

André Breton

Poucos são os momentos que a história destaca como uma grande virada de página. O ano de 1968 marcou profundamente inúmeras gerações que o sucederam; é possível notar ainda hoje sinais desse tempo. Todo ideário ecológico, atualmente chamado de sustentabilidade, deu seus primeiros passos a partir daí. No cinema, o filme norte-americano de ficção cientifica, *Planeta dos macacos* (*Planet of the Apes*, 1968), mostrava nossa incapacidade de evitar a extinção da raça humana. A imagem do astronauta Taylor (Charlton Heston) junto às ruínas da Estátua da Liberdade exemplifica a visão coletiva do que se esperar do homem e de suas atitudes temerárias.

As questões da liberdade intelectual, sexual e comportamental hoje tão defendidas foram colocadas em pauta nesse

período, que tem como uma de suas grandes expressões a chamada *contracultura*.

A contracultura é então definida como reverso da cultura
estabelecida, e encontra seus aspectos mais distintivos
no antiautoritarismo, na originalidade, na criatividade, na
espontaneidade, no amor, no gosto e no prazer, no jogo e no
trato direto, no espirito tribal e nas comunas. As comunas K1
e K2, em Berlim, seriam emblemáticas desta nova atitude.
Com elas surgem também, pela primeira vez documentados,
os novos problemas cotidianos – a divisão de tarefas, o seu

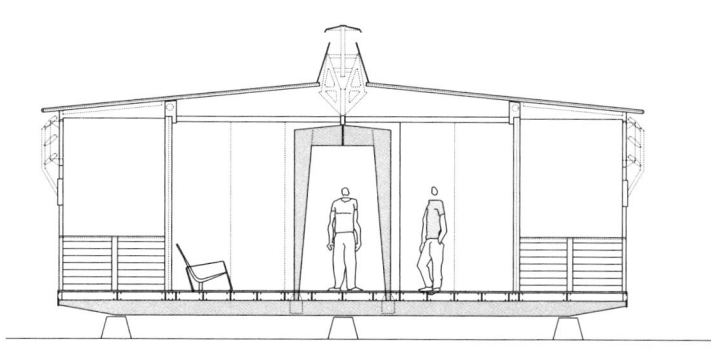

Casa Tropical, corte, Nigéria e República do Congo. Jean Prouvé, 1949.
Redesenho de André Marques

caráter rotativo, a formação de casais e situações assimétricas, a obtenção de recursos econômicos, a liderança e o surgimento de tendências tribais, a limpeza etc. –, obrigando a um aprendizado do espírito antiautoritário no âmbito da intimidade que integra hoje a tradição de um movimento, o dos *squatters* ou *okupas*, disperso atualmente por todo o mundo.[18]

É importante notar a presença e a força das manifestações culturais e políticas desse momento no Brasil e no mundo. O Brasil vivia os quatro primeiros anos da ditadura militar, anterior à radicalização ocorrida em 1968 com o AI-5,[19] portanto ainda com frestas que possibilitavam manifestações populares de âmbito cultural e social de grande relevância. Na música, em 1967, com crescimento da popularidade da Bossa Nova, Antônio Carlos Jobim grava nos Estados Unidos o álbum *Francis Albert Sinatra & Antônio Carlos Jobim*, fato que marca profundamente a historia da música brasileira.[20]

O CENÁRIO MUNDIAL ERA MARCADO PELAS GRANDES MANIFESTAÇÕES JUVENIS E IDEOLÓGICAS. EM VÁRIOS IDIOMAS PODÍAMOS OUVIR A EXPRESSÃO O "POVO NO PODER".

Ideologia alimentada pelas propagandas da nova república socialista chinesa, conhecida como a grande revolução proletária, liderada pelo revolucionário Mao Tsé-tung. Com o endurecimento da ditadura em 1968, esses ideários comunistas, claramente inspirados nos líderes revolucionários cubanos,[21] vão levar estudantes de diversas partes do país às manifestações de guerrilha urbana.

Outro aspecto importante dos anos 1960 é a tecnologia. Nesse período, Lelé, afastado da UnB em razão do fechamento da escola, constrói em Taguatinga seu primeiro projeto hospitalar. O hospital foi todo executado em pré-moldados pesados de concreto armado, onde cada célula de fechamento poderia chegar a quatro toneladas. Um ano antes, em 1967, no Canadá, é realizado o protótipo de habitação popular, o Habitat 67, desenhado por Moshie Safdie. O arquiteto explica o uso da pré-fabricação no projeto em Montreal:

O aspecto tecnológico era fácil de explicar. Nos anos 1960 nós acreditávamos que a industrialização poderia reduzir enormemente o custo da habitação, melhorar sua qualidade e rapidez de entrega. A lógica parecia clara e da tradição de Buckminster Fuller. Segundo o qual o aperfeiçoamento dos meios de produção poderia reduzir os custos e tornaria a habitação acessível a todos os segmentos da sociedade.[22]

Esses novos ideais transformam a arquitetura mundial, e novos pensadores modernos tomam a dianteira nas discussões, substituindo os antigos argumentos defendidos pelos primeiros mestres modernos, como Le Corbusier ou Frank Lloyd Wright. Pensamentos imbuídos de preocupações ambientais e motivados pelas novas tecnologias, como os presentes nas ideias de Buckminster Fuller, guru da contracultura americana segundo Luis Fernández-Galiano:

Fuller foi um dos heróis da minha geração. Para nós que começamos a corrida em 1968 – o ano do maio francês e da primavera de Praga, mas também do *Whole Earth Catalog*, a bíblia da contracultura americana – e terminamos coincidindo com a primeira crise do petróleo em 1973-1974, a arquitetura era inseparável da mudança social impulsionada por movimentos alternativos e da mudança técnica impulsionada pelo esgotamento dos combustíveis fósseis.[23]

Fuller influencia toda uma nova geração de arquitetos e engenheiros, principalmente o grupo Archigram (1961-1974), que tinha como membros os arquitetos Peter Cook, Warren Chalk, Ron Herron, Dennis Crompton, Michael Webb e David Greene. Suas propostas revolucionárias e utópicas entraram no imaginário dos jovens estudantes de arquitetura do mundo inteiro. Mas é na Inglaterra que essas ideias se fortificam: nos anos 1970, a arquitetura inglesa terá os principais arquitetos da chamada arquitetura high-tech. Nesse contexto temos o arquiteto Norman Foster, muito condicionado por Buckminster Fuller:

Tive o privilégio de colaborar com Bucky nos últimos doze anos de sua vida, e essa relação influenciou profundamente meu trabalho e minha maneira de pensar. Inevitavelmente, também assimilei uma visão próxima de sua filosofia e de suas realizações. [...] Em 1951, Fuller abordou questões ecológicas,

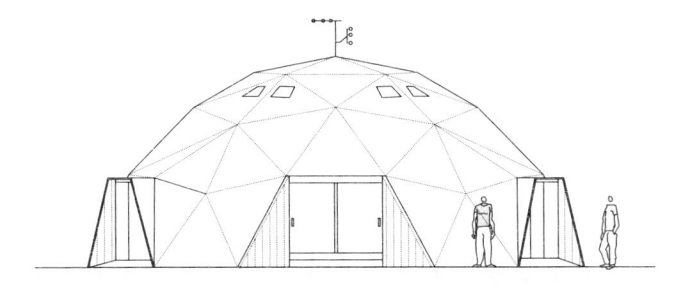

Casa Buckminster Fuller e Anne Hewlett, elevação, Carbondale, Estados Unidos. Richard Buckminster Fuller, 1960. Redesenho de André Marques

tão vitais em nossa cultura, quando se referiu à Nave Espacial Terra e à fragilidade de nosso planeta, fazendo com que seu trabalho e suas observações sejam hoje ainda mais importantes do que foram durante sua vida.[24]

Em seu livro sobre a sustentabilidade na arquitetura e no urbanismo, o arquiteto britânico Richard Rogers – que fora sócio de Norman Foster no escritório Team 4, com suas respectivas esposas, Su Brumwell e Wendy Cheesema – coloca uma citação de Buckminster Fuller logo no primeiro capítulo:

Para começar a correção de nossa posição a bordo da grande nave, o planeta terra, antes de mais nada devemos reconhecer que a abundância dos recursos imediatamente consumíveis, inevitavelmente desejáveis ou absolutamente essenciais, até agora, foi suficiente para permitir que continuemos nossa jornada, apesar de nossa ignorância. Estes recursos, em última instância esgotáveis e dilapidáveis, foram adequados até este momento crítico. Aparentemente, essa espécie de amortecedor dos erros de sobrevivência e crescimento da humanidade foi alimentado, até agora, da mesma forma que um pássaro dentro do ovo se alimenta do líquido envoltório, necessário para uma etapa de seu desenvolvimento somente até um certo ponto.[25]

Outro arquiteto que expressa, em sua atuação, o ideário da contracultura dos anos 1960 é arquiteto italiano Paolo Soleri. Radicado nos Estados Unidos, é o idealizador da cidade utópica de Arcosanti (1970), construída no meio do deserto norte-americano do Arizona, com grande apuro formal e geométrico para se tornar um protótipo urbano destinado a abrigar sete mil habitantes.

O historiador Roberto Segre relembra o impacto das primeiras imagens de Arcosanti:

O que diferenciava as imagens utópicas de Soleri das restantes – mais inspiradas na alta tecnologia e nas rigorosas geometrias de células articuladas – era a fusão entre homem, natureza e tecnologia, numa trama compacta de gigantescas unidades habitacionais enraizadas na terra, porém que ao mesmo tempo pareciam complexas naves espaciais. Integravam entre si a herança orgânica de Wright, a tradição construtiva dos romanos e a visão das megacidades da ficção científica, num sistema gráfico totalmente inédito, cujo monocromatismo lembrava as fantasias espaciais e formais de Piranesi.[26]

E completa, explicando a relevância do autor de Arcosanti para essa geração de arquitetos:

Na realidade, Soleri aparece como uma figura mitica aos
que nos iniciamos no debate arquitetônico na década
dos sessenta. Aqueles eram tempos heroicos de fervor e
esperanças no futuro da humanidade. A Revolução Cubana
e Che Guevara; o movimento estudantil de maio de Paris;
os textos de Marcuse; os hippies, Martin Luther King e a
oposição à guerra do Vietnã, implicavam num compromisso
politico e ético identificado com as propostas ambientais
que desejavam controlar a deterioração da natureza e as
contradições geradas pelo gigantismo das megalópoles.
Por um lado, apostavam na aplicação de métodos racionais
para resolver os novos problemas ecológicos gerados pela
espécie humana – a confiança de Tomas Maldonado no
ato projetual; a busca de um equilibrio entre ambiente e
sociedade, colocado por Amos Rapoport, Edward Hall, John
Mc Hale, Christopher Alexander e J. Broadbent –; por outro
lado, surgiram múltiplas imagens de um contexto físico
dominado pela alta tecnologia: as cúpulas geodésicas de
Buckminster Fuller; as cidades *espaciais* e as megaestruturas
– que tanto entusiasmaram Reyner Banham – de Yona
Friedman, os Metabolistas japoneses, Archigram; as
bioestruturas de Alfred Newman, Paul Maymont, Moshe
Safdie, D.G. Emmerich, Walter Jones, Zvi Hecker e outros.[27]

É importante entender que estava em jogo não apenas uma forma nova de olhar o projeto e a construção, mas um projeto novo de sociedade. Lelé se aproxima de Soleri em uma "dedicação passional a um projeto totalizador, baseado não somente numa realidade construtiva, arquitetônica e urbanística, mas também num conceito de vida social [...] divergentes da realidade que impera na sociedade capitalista".[28] Nota-se em ambos uma renúncia da forma convencional de exercer a vida profissional. Lelé opta por trabalhos junto aos órgãos públicos, nos quais sua atuação possa contribuir para a construção dessa nova sociedade, enquanto Paolo Soleri lidera um grupo de seguidores na construção de Arcosanti. Essa renúncia leva ambos os arquitetos ao isolamento. Para Lelé, a busca de lugares não explorados pela sociedade, como favelas e áreas rurais,

PERMITE QUE SUA AÇÃO EXTRAPOLE AS PREOCUPAÇÕES PROJETUAIS DE UM ARQUITETO, PODENDO, ASSIM, ATUAR COMO UM EDUCADOR PARA A CONSTRUÇÃO EQUILIBRADA DOS PRINCIPAIS VALORES POR ELE DEFENDIDOS.

Esses valores podem ser definidos como: tecnologia, natureza e sociedade. Isso aproxima Lelé de Soleri, que atua em Arcosanti não somente como autor da cidade, mas como um guru em seu retiro espiritual. Como comenta Segre sobre Soleri, esse isolamento permite "organizar um laboratório social e arquitetônico que fosse além do conceito de utopia – como não lugar, ou de perfeição formal acabada e concluída – e definisse um modelo ambiental que articulasse natureza, história e sociedade, em busca de um futuro melhor".[29] Esse ideário dos anos 1960 caracteriza a personalidade discreta de João Filgueiras Lima, que passa a se preocupar com as questões ambientais e com os desperdícios da construção. As preocupações ambientais estão presentes em sua obra desde as primeiras construções nos anos 1960. Atualmente essas questões se tornaram um produto para o mercado da construção, discurso ao qual Lelé é avesso. Quando indagado sobre esse termo incorporado pelo marketing empresarial, o arquiteto responde:

Eu detesto, detesto... Mas está dando lucro ser ecologista. E, na verdade, o discurso da sustentabilidade disseminado por aí não está sendo praticado. Porque a gente precisa economizar o que a natureza nos fornece de mais barato.[30]

Podemos observar esse ideário em quase todas as obras de Lelé, que se acentua a partir da Escola Transitória de Abadiânia (1982-1984). Projeto "romântico", como coloca Lelé, trata-se de uma transformação construtiva carregada de princípios sociais e tecnológicos, em que são flagrantes as questões ideológicas. Lelé, nessa obra, se diz mais um operário do que um arquiteto ou engenheiro. E, ao se colocar como *operário*

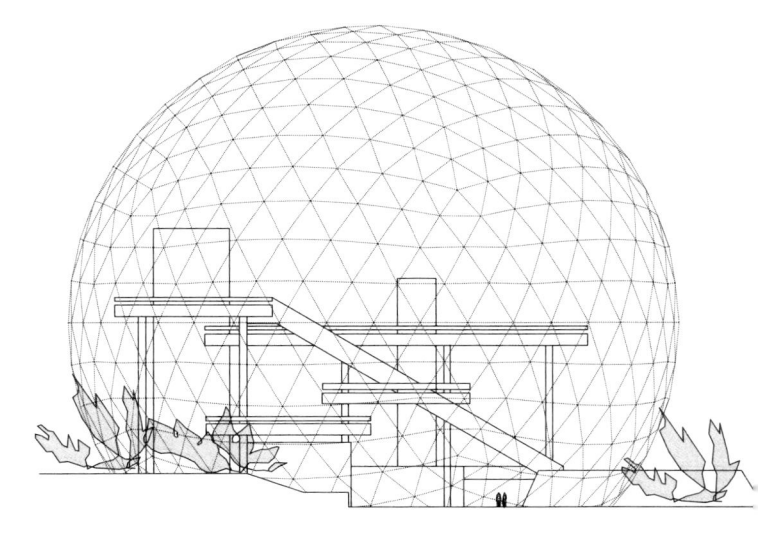

Pavilhão dos Estados Unidos para Expo'67, elevação, Montreal, Canadá. Richard Buckminster Fuller, 1967. Redesenho de André Marques

principal, responsável pelo ensino e orientação necessários à construção da escola, transforma sua participação no canteiro em uma ação associada a princípios éticos. Por outro lado, o sistema construtivo fechado, proposto por ele, garante um controle quase total por parte do arquiteto, trazendo para si toda a responsabilidade pela obra, desde o traço, até a usinagem e montagem final. Podemos notar a contradição entre o engajamento ideológico do arquiteto e seu controle total sobre a obra.

Na experiência da fábrica de Abadiânia, Lelé consolida o uso da argamassa armada, construindo uma escola montável e desmontável, sem uso de máquinas pesadas. O processo resulta

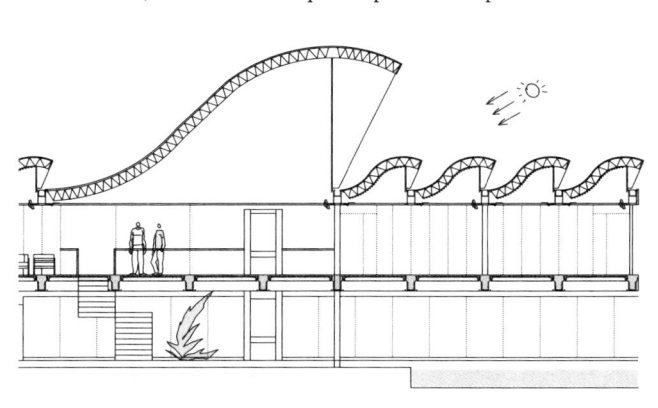

Sede do TCU, corte, Salvador BA. João Filgueiras Lima, 1995.

Redesenho de André Marques

em escolas e pontes de alto apuro tecnológico, construídas em zonas rurais no interior de Goiás, algo semelhante às grandes estruturas em Arcosanti, de Paolo Soleri. Com uma pequena fábrica improvisada, Lelé vê a possibilidade de industrialização completa de um edifício:

Na época que fui demitido da Prefeitura [de Salvador], estava tão entusiasmado com o processo da argamassa armada que quando começou a abertura política e nosso amigo Vander Almada foi eleito prefeito de uma cidade do interior de Goiás, Abadiânia, resolvi embarcar na aventura. Ele reuniu várias pessoas de outras áreas, médicos, educadores. Queríamos fazer uma experiência – modelo em Abadiânia, no meio do mato. Fui encarregado da minha parte – isso foi feito de graça –, e ficava lá pelo menos cinco dias por semana.[31]

A experiência em Abadiânia transforma profundamente seu trabalho. Lelé vê a possibilidade da escala de produção industrial para cada componente de uma obra. Na Escola Transitória Rural, utiliza somente dezesseis componentes leves, facilmente manipuláveis pelos operários, e que são usados repetidamente na construção. Para a execução dessa obra, Lelé cria uma apostila com os desenhos, passo a passo. Abadiânia, um município muito carente, não contava sequer com profissionais da construção civil.

> Por incrível que pareça, acho que meu maior sucesso profissional foi nessa cidadezinha de Goiás, Abadiânia, porque houve um envolvimento total das pessoas. Abadiânia era uma cidade tão primitiva, tão pobre, que nem havia operários. Eu tinha de fazer uma espécie de cartilha para ensinar as pessoas a trabalhar. Primeiro a gente começou fazendo peças industrializadas em madeira; a única forma de envolver a população era fazendo coisas bem simples. Mas a madeira, embora desse uma resposta rápida, era perecível. E ali não tinha escola rural, não tinha nada.[32]

Lelé – que, assim como Oscar Niemeyer, sempre se disse comunista – viu na situação uma oportunidade de desenvolver seu trabalho usando a tecnologia e o desenho como forma de inclusão social, postura próxima à dos arquitetos paulistas Sérgio Ferro, Rodrigo Lefèvre e Flávio Império, que defendiam uma arquitetura que não alienasse o operário. Com o projeto mais detalhado, a obra independe de habilidades específicas artesanais, utilizando assim o operário como força produtiva qualificada, e não artesanal.

O Grupo Arquitetura Nova, apesar da aproximação ideológica de esquerda, apresentou uma proposta diferente para o canteiro. O grupo, assim como Lelé, buscava a organização do canteiro, evitando o desperdício e a economia produtiva e, principalmente, a sobreposição do trabalho que resultava no mascaramento do processo construtivo. O uso do revestimento, na procura do acabamento final, proporciona a alienação do processo construtivo, como explica Ana Paula Koury em seu livro que trata da produção do grupo.

O uso dos revestimentos é uma maneira de apagar os vestígios

da produção e a marca do operário na obra acabada, ou seja,

representa uma forma de alienação.[33]

Por outro lado, o grupo acreditava na contribuição dos operários. Sendo assim, a idealização e a construção são etapas separadas, mas que trabalham para o mesmo fim, expressando-se livremente. Como explica Sérgio Ferro em entrevista a Koury:

Nenhuma etapa construtiva se sobrepõe a outra de maneira

a destrui-la. Todas as etapas são evidenciadas. Há quase um

certo lirismo, pois cada corpo produtivo pode se expressar

com uma grande autonomia, no melhor dos seus possíveis.

Eu comparava essa poética com o jazz, onde você tem cinco, seis, até dez músicos, que tocam uma só música, mas cada um deles pode fazer um solo com todo o virtuosismo que é capaz, sem que isso destrua o conjunto ou que cada um desses desapareça na massa.[34]

A obra de Lelé está marcada pela preocupação construtiva do edifício, buscando o fino acabamento e a economia global. Esse resultado é obtido pelo enorme controle do arquiteto e o refinamento no detalhe do desenho. A construção permite que seus componentes sejam montados manualmente de acordo com a idealização do arquiteto, sem modificações. As contribuições em equipe ocorrem apenas no plano da concepção e da revisão do processo.

Minha proposta de usar e desenvolver a argamassa armada foi baseada na ideia de tornar a pré-fabricação em concreto mais leve, e permitir que um grande contingente de mão de obra fosse usado no transporte das peças – dispensando guindaste e grua, essas coisas caras que substituem a mão de obra –, mas sem abrir mão de um sistema industrializado, planejado e racionalizado. Por exemplo, num prédio montado a partir de componentes, se eles não se casarem perfeitamente, o prédio não será montado. Então o simples fato daquilo só existir se for planejado já pressupõe o planejamento. E aí você começa de

fato a racionalizar a construção.[35]

AS FÁBRICAS DE JOÃO FILGUEIRAS LIMA, 1978-2014

A primeira fábrica em Salvador, na Bahia, projetada por Lelé, foi implantada na primeira gestão do prefeito Mário Kertész, em 1978. A fábrica da Companhia de Renovação Urbana de Salvador – Renurb foi criada com o objetivo prioritário de implantar o projeto de transportes urbanos da cidade. Inicialmente, começou a produzir abrigos para paradas de ônibus, que foram executados em concreto armado. Logo, começou a produzir outros itens, como estações de transbordo, posto policial, postos de pedágio para estacionamentos, bancos (com ou sem encosto), arrimos escalonados e componentes diversos necessários à implantação dos projetos de urbanização dos logradouros e praças onde se localizavam os terminais de bairro. Com o fim do mandato do prefeito Mário Kertész, em 1981, a fábrica foi fechada pelo novo governo.

Em 1984, após essa experiência pioneira, o então prefeito eleito de Abadiânia, Vander Almada, propõe a construção de uma nova fábrica. Caberá a Lelé, na condição de professor da pós-graduação da Universidade Católica de Goiás – com a qual a

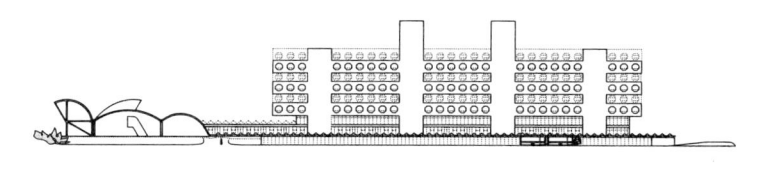

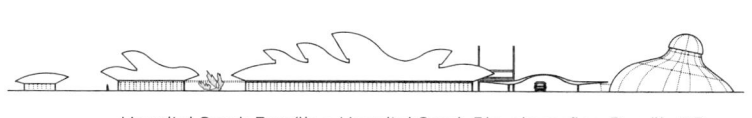

Hospital Sarah Brasilia e Hospital Sarah Rio, elevações, Brasilia DF
e Rio de Janeiro RJ. João Filgueiras Lima, 1980 e 2009. Redesenhos
de André Marques

prefeitura faz uma parceria –, projetar a Escola Rural de Caráter
Transitório. Para a execução do projeto – que contava com apenas dezesseis componentes em argamassa armada, passíveis de
serem montados sem a necessidade de máquinas –, o arquiteto
constrói na própria cidade sua segunda fábrica. As instalações
eram de pequeno porte e os componentes eram dimensionados
para que pudessem ser carregados por até duas pessoas – "Cons-
truí uma fabriqueta em Abadiânia, bem improvisada. Primeiro
fizemos pontes, depois escolas, vários equipamentos de uso
rural"[36] –, uma preocupação que acompanhou Lelé no desenvolvimento das demais fábricas e dos projetos que se sucederam a
essa iniciativa.

Ao ver o protótipo da escola já construído, o antropólogo Darcy Ribeiro – então vice do governador do Rio de Janeiro, Leonel Brizola – convida Lelé para construir uma nova fábrica no Rio Janeiro. Conforme depoimento de Lelé:

Foi nesse período, em 1982, que Leonel Brizola ganhou a eleição para governador do Rio pela primeira vez, e seu vice, meu amigo Darcy Ribeiro, me chamou para trabalhar com eles. Eu lecionava na UCG (Universidade Católica de Goiás), porque a experiência de Abadiânia foi financiada também pela universidade, tínhamos conseguido dinheiro com ela. E Darcy levou Brizola até Abadiânia. De repente ele desceu lá, num aviãozinho bem ordinário, levantando poeira. Ficou impressionado com nosso trabalho e me chamou para ir para o Rio.[37]

A nova fábrica, agora de grandes dimensões, irá produzir nos anos seguintes centenas de escolas. Cada unidade podia ser implantada em apenas 45 dias; seus componentes leves permitiam a construção em locais isolados e de difícil acesso.[38] Como na experiência anterior na Renurb, em Salvador, após o fim do mandato, a fábrica é fechada.

O prefeito Mário Kertész será reeleito em Salvador em 1986 e irá abrir uma nova fábrica liderada por Lelé, a Fábrica de Equipamentos Comunitários – Faec, que dará suporte para diversas intervenções sociais, urbanísticas e de proteção ao patrimônio histórico:

A necessidade de pensar Salvador de forma integrada e, ao mesmo tempo, abrangendo os mais diversos programas, estimulou a pesquisa de soluções inovadoras, como as das passarelas para o projeto do transporte de massa, as da recuperação do centro histórico, concebidos pelo gênio de Lina Bo Bardi, as das urbanizações de praças, as das escolas e creches que se espalharam por todo estado da Bahia, as do hospital Sarah de Salvador, através de convênio firmado com a Associação das Pioneiras Sociais, as dos equipamentos urbanos etc.[39]

No final dos anos 1990, Lelé desenvolve, a pedido do governo federal, uma grande fábrica para produzir as unidades do Centro Integrado de Apoio à Criança – Ciac, experiência frustrada diante da paralisia do Estado no processo de impedimento do presidente Fernando Collor de Mello, acusado de corrupção.

Após várias experiências ligadas a governos e mandatos políticos, Lelé é convidado em 1991 pelo dr. Aloisio Campos da Paz para fazer parte do Centro de Tecnologia da Rede Sarah – CTRS.

As funções básicas dos CTRS são as seguintes:

– Construir os novos edifícios destinados à expansão da Rede.

– Ajustar permanentemente os espaços hospitalares às eventuais modificações de funcionamento, decorrentes da introdução de novas tecnologias.

– Desenvolver projetos e fabricar equipamentos adequados à manutenção das técnicas de tratamento desenvolvidas na Rede.

– Efetuar a manutenção predial e dos equipamentos da Rede.[40]

O CTRS, em convênio com órgãos públicos, como prefeituras e o Tribunal de Contas da União, desenvolverá ainda inúmeros outros projetos.

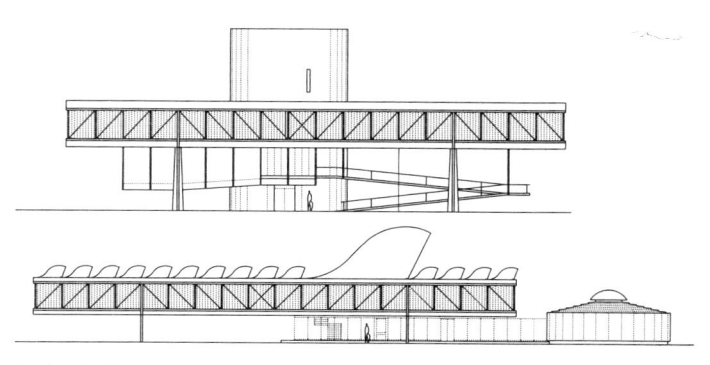

Sedes do TCU, elevações, Maceió AL e Salvador BA. João Filgueiras Lima, 1997 e 1995. Redesenhos de André Marques

Em 2009, Lelé se afasta da direção do CTRS e inicia outra fábrica, o Instituto Brasileiro do Habitat – IBH, uma organização sem fins lucrativos e que tem como principal objetivo desenvolver projetos de interesse social, em especial programas de ensino e pesquisa em parceria com universidades. Devido à falta de apoio de governos públicos e do delicado estado de saúde do arquiteto, o instituto permaneceu por algum tempo em estado de "hibernação".[41] Com o falecimento de Lelé no dia 21 de maio de 2014, encerrou suas atividades.

Na sua trajetória, o arquiteto João Filgueiras Lima teve a oportunidade de estar à frente das seguintes unidades de produção de componentes arquitetônicos:

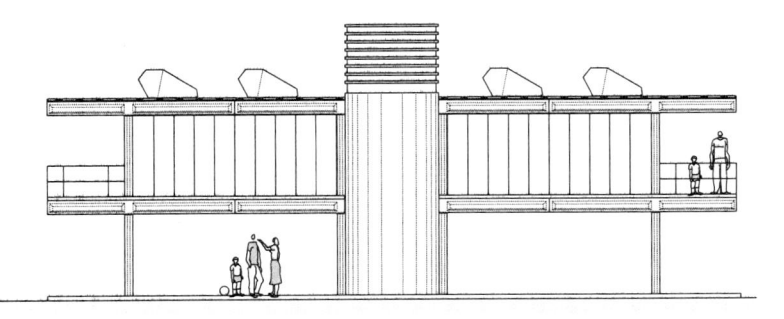

Escola em argamassa armada – Faec, elevação, Salvador BA.
João Filgueiras Lima, 1988. Redesenho de André Marques

Companhia de Renovação Urbana de Salvador – Renurb (1978-1981);

Fábrica de Escola, Abadiânia (1982-1984);

Fábrica de Escolas, Rio de Janeiro (1984-1986);

Fábrica de Equipamentos Urbanos, Rio de Janeiro (1984-1989);

Fábrica de Equipamentos Urbanos, Brasilia (1985-1990);

Fábrica de Equipamentos Comunitários – Faec, Salvador (1986-
2002);

Centro Integrado de Apoio à Criança – Ciac, várias regiões do Brasil
(1990);

Fábrica de Equipamentos Comunitários – Faec, Ribeirão Preto
(2002-2004);

Centro de Tecnologia da Rede Sarah – CTRS, Salvador (1991-2009);

Instituto Brasileiro do Habitat – IBH, Salvador (2010-2014).

A EVOLUÇÃO DO PROJETO NA OBRA
DE JOÃO FILGUEIRAS LIMA

Durante mais de cinquenta anos de profissão, desde suas primeiras obras em Brasília até seus últimos projetos, como o Hospital
Sarah no Rio de Janeiro, o arquiteto João Filgueiras Lima reavalia
constantemente sua produção arquitetônica, o que resulta em uma
constante evolução de sua obra. Em diversos aspectos, as primeiras não foram tão eficientes quando comparadas às últimas obras

construídas, mas apresentavam algumas características semelhantes, caso das aberturas zenitais para a iluminação e a ventilação.

Com certa liberdade, podemos usar aqui o conceito de evolução na acepção dada por Charles Darwin no seu famoso livro *A origem das espécies*, quando apresenta ao mundo, em 1859, sua concepção de seleção natural.

PODEMOS METAFORICAMENTE DIZER QUE, NA OBRA DE JOÃO FILGUEIRAS LIMA, CERTAS SOLUÇÕES ARQUITETÔNICAS 'SOBREVIVEM' POR ESTAREM MAIS ADAPTADAS AO MEIO FÍSICO BRASILEIRO.

Seria o caso, por exemplo, dos sheds, muito adequados aos rigores do clima tropical.

Além dessa constante busca de soluções adaptadas ao meio, é visível que, principalmente no início de sua carreira, Lelé absorveu experiências de grandes mestres da arquitetura, em especial estrangeiros. É visível também a presença do rigor construtivo de arquitetos como Alvar Aalto e Marcel Breuer ou do pensamento visionário de Buckminster Fuller, influências que se mostram fundamentais para o seu crescimento profissional.

As estratégias bioclimáticas fazem parte de um conhecimento ancestral, mas são poucos os arquitetos que se utilizam com rigor dessa sabedoria. Lelé – através da constante experimentação construtiva e observação de obras alheias – se apropria de forma crescente desse conhecimento para a criação de suas obras, experimentando soluções arquitetônicas passivas (ou a mais passiva possível), voltadas para a solução de problemas climáticos e que resultem em um baixo consumo energético.

INTERLOCUÇÕES COM ARQUITETOS CONTEMPORÂNEOS

Podemos concluir que Lelé revisa constantemente sua obra, tornando-se um crítico de seu próprio trabalho. Os problemas técnicos

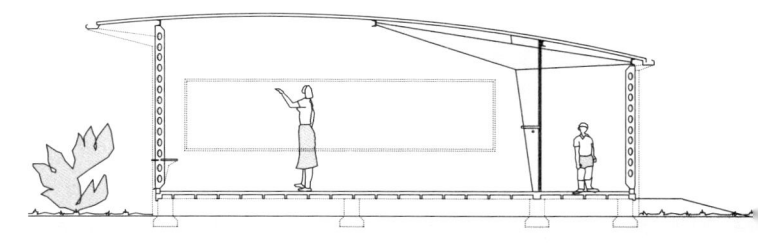

Escola Transitória, corte, Villejuif, França. Jean Prouvé, 1957.

Redesenho de André Marques

e climáticos são quase sempre trabalhados com os mesmos princípios, mas com enormes avanços alcançados com o passar do tempo, em especial quanto à leveza estrutural, economia de insumos e eficiência climática. Lelé acredita que as ideias devam ser testadas e avaliadas, um senso crítico fundamental para a evolução apontada. Em certa ocasião, quando perguntado sobre a realização profissional, Lelé demonstra seu apreço pelo constante aperfeiçoamento:

Não acredito que ninguém se considere realizado. Essa insegurança que se tem em relação a si mesmo é importante para você melhorar. Enquanto você achar que não está bom, você esta evoluindo.[42]

A obra de João Filgueiras Lima se insere no contexto da arquitetura contemporânea que busca adequação do projeto aos imperativos climáticos, procurando a eficiência energética. A manipulação das possibilidades tecnológicas torna sua arquitetura dinâmica, como um organismo que transpira ao perceber o aquecimento do envoltório (pele). Tais características estão presentes na produção europeia contemporânea com aporte de alta tecnologia (high-tech) promovida por arquitetos como Renzo Piano, Richard Rogers, Nicolas Grimshaw e Santiago Calatrava, dentre outros.

Calatrava, assim como Lelé, utiliza elementos estruturais dinâmicos, que muito se assemelham a plantas que se abrem na primavera, fazendo assim o controle da luz e criando com todos esses elementos o tão desejado espetáculo arquitetural.

Podemos notar também semelhanças entre as obras de Lelé e Renzo Piano, permitindo a suposição de uma interlocução entre elas. O Museu de Houston, no Texas (The Menil Collection, 1981-1986), dispõe de cascas de argamassa armada sustentadas por uma treliça metálica, conformando uma cobertura que controla a entrada de luz natural. Sobre a treliça há uma cobertura em vidro com dupla inclinação para as calhas metálicas de águas pluviais a cada 2,40 metros. Curiosamente, trata-se de um detalhe inverso

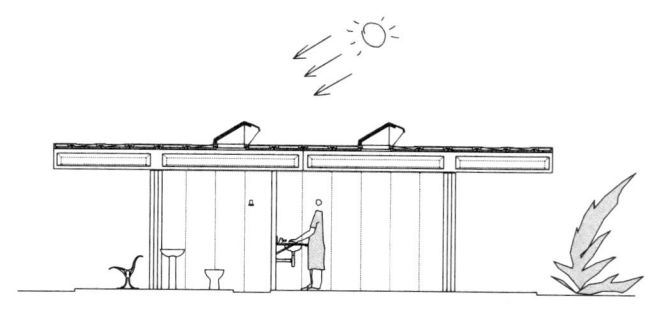

Escola Transitória de Abadiânia, corte, Abadiânia GO. João Filgueiras Lima, 1982-1984. Redesenho de André Marques

ao utilizado por Lelé. Enquanto a cobertura projetada por Piano permite a entrada da radiação solar no ambiente e depois controla sua difusão, o arquiteto brasileiro controla a radiação solar dos trópicos antes de ela entrar no ambiente, evitando o aumento da carga térmica dentro do edifício.

Outra solução técnica adotada por ambos os arquitetos é a utilização de elevadores transparentes em plano inclinados. Renzo Piano utiliza essa solução na obra do seu escritório em Genova (Unesco Laboratory Workshop, 1989-1991). Pouco depois, Lelé implanta elevadores similares nos hospitais da Rede Sarah (Salvador, 1992; Brasília, 1995).

Nos anos 1970, o arquiteto britânico Nicholas Grimshaw projeta diversos galpões industriais, de acabamento refinado, que se caracterizam pela industrialização dos componentes construtivos, com especial destaque para os painéis industrializados de fibra de vidro com colchão de ar para evitar as pontes térmicas. Lelé também projeta painéis industrializados com colchão de ar, mas opta por uma solução com ventilação, pois o ganho térmico nos trópicos é maior. Vale também destacar a significativa discrepância de escolha de materiais, explicada pela diferença econômica entre as realidades sociais onde atuam os dois arquitetos: Lelé utiliza painéis de argamassa armada, enquanto Grimshaw adota painéis de fibra de vidro.

Outra obra passível de relação com a de Lelé é o Pavilhão Britânico na Expo'92 (Sevilha, 1992), na qual Grimshaw utiliza grandes quebra-sóis, cujo desenho em muito se assemelha aos sheds feitos por Filgueiras Lima.

No mesmo ano de 1992, Richard Rogers projeta um edifício de escritório (Inland Revenue Office), cujo perfil facilita a ação dos ventos dominantes na retirada do ar viciado do interior, com redução da necessidade de ventilação mecânica. Tal solução é a mesma encontrada nos hospitais da Rede Sarah, projetados por Lelé.

Podemos entender a sua relação com os arquitetos europeus como desenvolvimentos relativamente autônomos de princípios iguais: arquitetos de mesma geração influenciados pelas revoluções culturais do final dos anos 1960 e impulsionados pelos novos desenvolvimentos tecnológicos.

LELÉ, POR OUTRO LADO, ENFRENTOU O MARASMO DO DESENVOLVIMENTO ECONÔMICO DO BRASIL PÓS-DEMOCRATIZAÇÃO E O ATRASO DO DESENVOLVIMENTO INDUSTRIAL E CIENTÍFICO.

Suas soluções buscam em formas mais singelas e econômicas aquelas desenvolvidas pelos arquitetos da alta tecnologia. O grande diferencial reside na disparidade entre as realidades socioeconômicas do Brasil e da Europa.

Nessa mesma linha interpretativa, Dominique Gauzin-Müller, no livro *Arquitetura ecológica*, explica as proximidades dos arquitetos low-tech e dos high-tech. Dominique ressalta a importância de Paolo Solari e das revoluções culturais do final da década de 1960, a contracultura, como forma de contestar os métodos deterministas dos arquitetos modernos.

Mesmo que só tenha se intensificado depois da midiatização da Rio'92, a conscientização da necessidade de uma arquitetura ecológica existe há várias décadas, durante as quais partidários do low-tech e do high-tech confrontaram-se com frequência.[43]

A busca de Lelé por uma construção mais leve e racional vai além de resolver questões técnicas e custos finais. Essas questões estão entrelaçadas a ideais humanistas e sociais. As peças pré-fabricadas de argamassa, além da leveza e da precisão, permitem a construção manual, viabilidade construtiva e inclusão social de operários de baixa escolaridade.

Na esteira do movimento contestador de maio de 1968, alguns arquitetos rejeitam a rigidez e a frieza das construções

modernistas; incentivaram os usuários a participar da
concepção e até da execução de construções mais
harmoniosas.[44]

     Ana Gabriella Guimarães, em sua tese de doutorado, busca
estabelecer parâmetros e/ou vinculações da obra de Lelé com
as obras de arquitetos high-tech como Norman Foster, Nicholas Grimshaw, Michael Hopkins, Renzo Piano, entre outros. A
autora, no seu trabalho, conclui:

Pudemos constatar que a dimensão ideológica, presente nas
obras de Lelé e nos projetos dos arquitetos britânicos, supera a
ingênua noção reformista e tecnocrática do Movimento Moderno.
A tecnologia é admitida como recurso necessário à materialização
de espaços mais humanos e democráticos. Tanto para Lelé como
para os arquitetos high-tech, a forma arquitetônica é considerada
parte de uma reflexão crítica sobre o tempo, o espaço e o ser,
não estando necessariamente subjugada a uma fórmula fechada
(tratados, normas, categorias estilísticas, tipologias), mas sim
definida por uma matriz metodológica flexível e aberta que
permita a ela moldar-se às realidades objetivas e subjetivas do
mundo contemporâneo, em constante transformação, e acenando
por uma linguagem própria dessa contemporaneidade.[45]

NOTAS

1. PROUVÉ, Jean. In LAVALOU, Armelle (Org.), p. 84.

2. NIEMEYER, Oscar. Problemas da arquitetura 4: o pré-fabricado e a arquitetura.

3. SAFDIE, Moshie; WOLIN, Judith. *For Everyone a Garden*.

4. NIEMEYER, Oscar. Op. cit., p. 58.

5. Idem, ibidem.

6. LIMA, João Filgueiras. Depoimento a André Marques. São Paulo, Universidade Mackenzie, 18 out. 2010.

7. Depoimento de João Filgueiras Lima. In GUIMARAENS, Céça de; et al (Org.). *Arquitetura brasileira após Brasilia / Depoimentos Edgar Graeff, Flávio Marinho Rêgo, Joaquim Guedes e João Filgueiras Lima*, p. 243.

8. LIMA, João Filgueiras. Palestra.

9. Marco do Valle identifica a linguagem formal utilizada por Oscar Niemeyer: 1. volume telhado invertido / volume trapézio ou prismático; 2. pilares / pilotis; 3. arcos e abóbadas; 4. marquises; 5. formas cilindricas; 6. cúpulas e calotas. VALLE, Marco Antonio Alves do. *Desenvolvimento da forma e procedimentos de projeto na arquitetura de Oscar Niemeyer (1935-1998)*.

10. RIBEIRO, Darcy. Testemunhos. In NIEMEYER, Oscar. *Minha arquitetura 1937-2004*, p. 397.

11. Aldary Toledo (Rio de Janeiro, 1915-1998), pintor e arquiteto, foi discípulo de Cândido Portinari entre 1932 e 1935. É autor de importantes

projetos em Cataguases MG – dos quais destacam-se o Hotel Cataguases e o Cine Teatro Cataguases, ambos de 1945 –, no período em
que a cidade vivia seu *surto* modernista, com obras de Oscar Niemeyer,
Francisco Bolonha, Edgar do Vale e Portinari. Sobre Aldary Toledo, ver:
MARQUES, André Felipe R. *Aldary Toledo: entre arte e arquitetura.*

12. LIMA, João Filgueiras. *O que é ser arquiteto: memórias profissionais
de Lelé (João Filgueiras Lima); em depoimento a Cynara Menezes*, p. 34.

13. TOLEDO, Luiz Carlos. Depoimento a André Marques. Rio de Janeiro, Hospital Sarah Rio, 24 ago. 2012.

14. GUERRA, Abilio. O brutalismo paulista no contexto paranaense. A
arquitetura do escritório Forte Gandolfi.

15. LIMA, João Filgueiras. In LATORRACA. Giancarlo (Org.). *João Filgueiras Lima: Lelé*, p. 22.

16. Idem, ibidem, p. 30.

17. REBELLO, Yopanan Conrado Pereira; LEITE, Maria Amélia Devitte
Ferreira D'Azevedo. O mestre-construtor, p. 66.

18. ÁBALOS, Iñaki. *A boa-vida: visita guiada as casas da modernidade,*
p. 122.

19. O Ato Institucional n. 5 – AI-5 redigido em 13 de dezembro de 1968,
entrou em vigor durante o governo do então presidente Artur da Costa e Silva. O ato se sobrepôs à Constituição de 24 de janeiro de 1967,
dando poderes extraordinários ao presidente da República e suspen-
dendo várias garantias constitucionais.

20. Sobre a história da Bossa Nova, ver: CASTRO, Ruy. *Chega de saudade: a história e as histórias da Bossa Nova.*

21. A Revolução Cubana aconteceu entre 26 de julho de 1953 e 1 de janeiro de 1959, coordenada pelo Movimento 26 de Julho que tinha como líder o advogado cubano Fidel Castro e o médico argentino Ernesto Guevara. No momento do desfecho da revolução, eles tinham 32 e trinta anos, respectivamente.

22. SAFDIE, Moshe. Além do Habitat, p. 49.

23. FERNÁNDEZ-GALIANO, Luis; FOSTER, Norman. Bucky Fuller & Spaceship Earth, p. 3.

24. Idem, ibidem, p. 3.

25. FULLER, Richard Buckminster. *Manual de operações para o planeta Terra.* Apud ROGERS, Richard. *Cidades para um pequeno planeta*, p. 1.

26. SEGRE, Roberto. Paolo Soleri.

27. Idem, ibidem.

28. Idem, ibidem.

29. Idem, ibidem.

30. LIMA, João Filgueiras. In DANELON, Fernanda; WERNECK, Guilherme. Esse é Lelé.

31. LIMA, João Filgueiras. *O que é ser arquiteto* (op. cit.), p. 57.

32. Idem, ibidem. Severiano Porto, em circunstância diferente, também optou por fazer uma apostila de construção quando recebeu a encomenda do condomínio Porto da Lua, no Rio Negro. Devido à impossibilidade de estar presente durante a realização das obras, Severiano resolve confeccionar a apostila do passo a passo, provavelmente motivado pela falta de conhecimento técnico dos construtores locais. Ver: GUERRA, Abilio. *Arquitetura brasileira: viver na floresta*.

33. KOURY, Ana Paula. *Grupo Arquitetura Nova. Flávio Império, Rodrigo Lefèvre e Sérgio Ferro*, p. 57.

34. FERRO, Sérgio. In KOURY, Ana Paula. Op. cit., p. 64.

35. LIMA, João Filgueiras. Depoimento Entre.

36. LIMA, João Filgueiras. *O que é ser arquiteto* (op. cit.), p. 57.

37. Idem, ibidem.

38. RIBEIRO, Darcy. *O livro do Cieps*, p. 137-140.

39. LIMA, João Filgueiras. In LATORRACA, Giancarlo (Org.). Op. cit., p. 154.

40. LIMA, João Filgueiras. *CTRS: Centro de Tecnologia da Rede Sarah*, p. 12.

41. LIMA, João Filgueiras. Depoimento a André Marques via conversa por telefone, 10 jun. 2012.

42. LIMA, João Filgueiras. In DANELON, Fernanda. WERNECK, Guilherme. Op. cit.

43. GAUZIN-MÜLLER, Dominique. *Arquitetura ecológica*, p. 30.

44. Idem, ibidem.

45. GUIMARÃES, Ana Gabriella Lima. *A obra de João Filgueiras Lima no contexto cultural arquitetônico contemporâneo*, p. 130.

ARQUITETURA E INDÚSTRIA

CONVERSANDO COM JEAN PROUVÉ

Hospital Sarah Salvador, Salvador BA. João Filgueiras Lima, 1991.
Foto Nelson Kon

Em Ronchamp, França, a poucos metros da magnífica capela de Notre Dame desenhada por Le Corbusier, Renzo Piano projetou o Centro de Reabilitação. A construção se desenvolve paralela às curvas de nível em um terreno acidentado, resultando em uma edificação que se camufla sobre a pirambeira coberta de vegetação consolidada. Em corte, podemos notar que parte da construção fica enterrada. Essa solução permite que não haja interrupções nas visuais a partir do topo do morro onde se situa a obra de Corbusier. Partido – corte e construção semienterrada – que nos remete à residência em Nancy do construtor francês Jean Prouvé.

A relação entre Prouvé e Renzo Piano vem de longe, desde o concurso para o Centro Georges Pompidou, o Beaubourg, como é popularmente conhecido. Na ocasião, Prouvé era o presidente do júri e Piano – em parceria com o arquiteto britânico Richard Rogers –, autor do projeto vencedor.

O que suscita essa velha história é o fato de que, ao se observar as fotos dos alojamentos do Centro de Reabilitação, nota-se a utilização dos móveis desenhados e construídos por Prouvé na sua fábrica de Nancy. Poderíamos entender isso como coincidência ou predileção desinteressada, mas, ao examinar o caixilho feito em chapa galvanizada dobrada, constatamos que as lições do mestre construtor foram absorvidas.

Assim é feito o repertório projetual de um arquiteto: influências, lembranças e, principalmente, compreensão do ofício. Prouvé é uma enorme referência para os arquitetos construtores como Piano, Rogers e Foster.

Mas a formação arquitetônica de um jovem arquiteto não se dá somente através de um mestre e seus inúmeros discípulos, como define Garry Stevens.[1] Outros exemplos são necessários no arranjo do quebra-cabeça de referências que torna possível a criação do novo, assim como genes diferentes

Hospital Distrital de Taguatinga, corte, Brasília DF. João Filgueiras Lima, 1968. Redesenho de André Marques

somados criam um novo gene. No Centro de Reabilitação, as contribuições do mestre franco-suíço foram enfatizadas. Na pequena capela desenhada por Piano é possível ver que as infiltrações da luz solar na Capela de Ronchamp são de fato uma grande inspiração: uma pequena capela de concreto que tem o peso de sua cobertura em abóbada minimizado pela penetração da luz natural.

O CONTROLE CONSTRUTIVO
E O DESENHO

Na Europa, ou mais precisamente na França, o uso da pré-fabricação através do sistema Camus é bastante difundido. O sistema desenvolvido pela empresa Raymond Camus, em 1953, consiste basicamente na utilização de painéis de concreto nos quais já estão incorporadas janelas, portas, instalações hidráulicas e elétricas. Estes painéis são pré-fabricados e montados no canteiro por meio de grandes gruas. Após a montagem, as peças são unidas, tornando a construção monolítica. As paredes externas, na maioria dos casos, são estruturais e medem, aproximadamente, 14 centímetros, podendo pesar até seis toneladas.[2] Este sistema, no entanto, tem sua flexibilidade comprometida em razão da própria rigidez dessas paredes estruturais e do peso dos componentes em concreto armado.

Já em suas primeiras obras pelo Centro de Planejamento – Ceplan em 1961, Lelé opta por um processo que permite maior flexibilidade espacial, ao invés dos sistemas utilizados na Europa, conforme ele mesmo explica:

Nesse tempo se discutia muito. Na Europa, se fazia o processo Camus, muito difundido, de paredes portantes, que a União Soviética e os países do Leste europeu estavam desenvolvendo em grande escala.
A proposta de pré-fabricação da Colina era inteiramente antagônica a daquele processo que, com as paredes portantes, limita muito os espaços internos. O que se pretendia aí, nessa época, eram espaços mais flexíveis.[3]

Apesar das precárias instalações na UnB no seu período de implantação, foi possível algumas experiências na industrialização da construção. Lelé tirou proveito do clima seco da nova capital para criar uma *usina a céu aberto* no canteiro de obras.

Tudo foi feito com pré-fabricação em canteiro, ou seja, sem usina. As vantagens que se tem são a eliminação de escoramentos, a disciplina geral do serviço e o

reaproveitamento das formas.

As lajes eram transportadas e empilhadas num canto para

depois serem levadas com guindastes para a montagem.

Brasília favorece muito esse tipo de pré-fabricação ao ar

livre.[4]

Para João Filgueiras Lima, a pré-fabricação não era somente uma questão técnica empregada por industriais e engenheiros, mas sim um tema negligenciado pelos arquitetos. A construção, segundo ele, é uma parte do processo da arquitetura, tal como o desenho. Isso fica claro em sua fala quando, durante uma palestra para um público de arquitetos, Lelé se justifica pela insistência no tema:

Evidentemente, aqui estamos conversando entre arquitetos e

vocês me desculpem por eu estar enfatizando a parte de pré-

fabricação, mas é porque a gente se propôs a fazer isso. Mas

acho que a gente tem que discutir sempre sob o ponto de vista

do arquiteto.[5]

Suas preocupações construtivas independem de serem pré-fabricadas ou não. Podemos entender o processo de trabalho do arquiteto como uma espiral ascendente, em que o desenho é o inicio e o fim, se desenrolando sobre as possibilidades construtivas, os interesses envolvidos e as questões ambientais. Todas as condicionantes estão sempre envolvidas e transformando o projeto. Podemos, portanto, compreender as diversas preocupações de Lelé.

Eu acho que qualquer sistema construtivo é adequado quando se justifica a uma ideia básica do projeto de arquitetura. A opção construtiva só se define a partir dessa ideia. Eu quero deixar bem claro que o tema escolhido para meu depoimento e onde eu podia contribuir mais com a minha experiência foi a pré-fabricação. Mas, evidentemente, essa técnica ou qualquer outra só pode ser entendida como um instrumento para realização de nosso trabalho profissionalmente que é muito mais abrangente.[6]

IDEOLOGIA E CONSTRUÇÃO

O que diferencia a obra de Lelé em questões da industrialização refere-se a sua posição ideológica. Lelé entende que as questões envolvidas na racionalização do projeto estão além das questões de demanda. A construção civil, como meio de desenvolvimento tecnológico, econômico e social do arquiteto, tem como princípio sua contribuição com as questões sociais. Uma condição que no seu ideário pode também ser pensada na prancheta. Nesse sentido, Lelé entende que a industrialização da construção contribui de forma significativa para sociedade.[7]

O que está em jogo na obra de Lelé é uma economia global em que as questões sociais e os problemas ambientais ganham grande destaque. Isso configura suas posições ideológicas

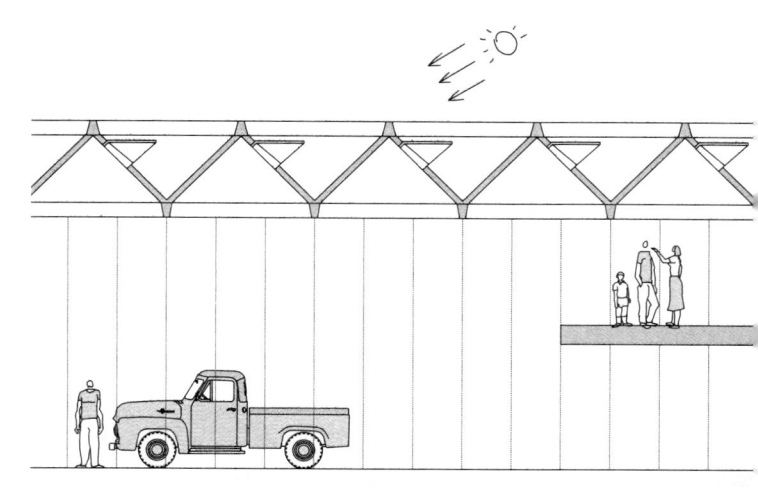

Sede do Planalto de Automóveis – Ford, corte, Brasília DF.
João Filgueiras Lima, 1972. Redesenho de André Marques

quando relaciona as questões ambientalistas e sociais, contribuindo com seu trabalho de arquiteto a esses anseios.

Se a gente pensa que acaba com uma floresta de pinho e isto é barato, é só a curto prazo. A longo prazo, é caríssimo. Então, este tipo de economia, que é fundamental, a gente tem que pensar nela.
Por outro lado também a gente não pode pensar numa economia que se baseia na exploração do trabalho humano.[8]

O sistema vigente na construção civil no Brasil é ainda hoje muito semelhante ao encontrado há décadas. As construtoras ainda procuram a economia direta, visando estritamente seu lucro e utilizando mão de obra barata e desqualificada, além de sistemas construtivos artesanais. No entanto, o aumento do número de pessoas alfabetizadas ou ainda com um grau de escolaridade melhor fragiliza tal situação a partir do momento em passam a se opor ao trabalho *pesado* da construção civil. Estas novas gerações estão, portanto, perdendo o *conhecimento do fazer*. O mercado, pela falta de demanda, aumenta os salários, mas, muitas vezes, não consegue completar as vagas. Isso demonstra que a industrialização da construção pelo mercado imobiliário no Brasil chega atrasada. Lelé alertava, no final dos anos 1970, o que

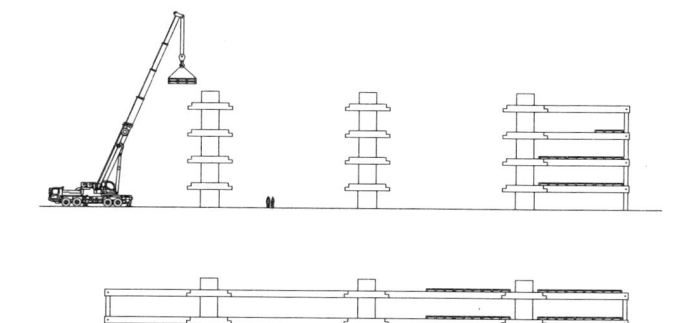

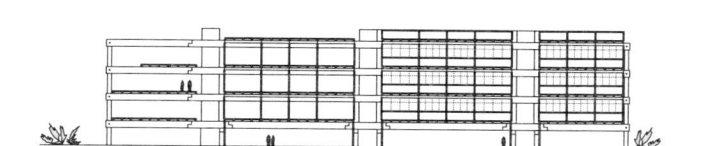

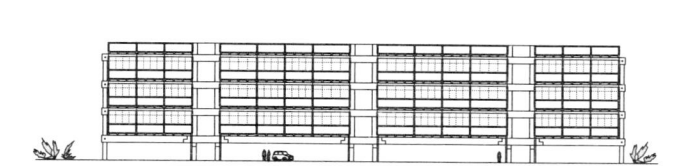

Apartamentos para professores da Universidade de Brasilia, Colina, montagem dos componentes, Brasilia DF. João Filgueiras Lima, 1962. Redesenho de André Marques

está acontecendo agora: "As firmas construtoras, enquanto puderem explorar o trabalho de um servente mal pago, subnutrido, elas não precisam industrializar nem racionalizar a construção".[9]

Lelé explica que, apesar de ter mostrado o sucesso de suas experiências com a pré-fabricação, o mercado da construção civil brasileira nunca se interessou por seu trabalho. Antes de sua saída do CTRS, ele desabafou declarando que não via mais caminhos para a industrialização da construção civil, pois até mesmo o setor público havia abandonado esta solução. A construção civil se interessou pela industrialização somente por um pequeno período quando havia o programa do BNH. Atualmente, esta mantém a pré-fabricação pesada de concreto mas, em sua opinião, apenas quando dá lucro direto.

Para Lelé a realidade brasileira transparece no acidente que ocorreu durante a construção da linha quatro amarela do metrô de São Paulo, na região de Pinheiros, em janeiro de 2007:

As cinco maiores empresas do Brasil se juntam para fazer uma obra que afunda! Isso é o paradoxo da construção civil. Nunca vi uma coisa tão primitiva quanto cavar um túnel com dinamite! Hoje existe um *tatuzão* que faz o túnel inteiro. Mas com dinamite, que é um processo mais primitivo, o lucro é maior. De repente, cai tudo.[10]

Esse acidente se choca com os ideais ambientalistas de Lelé; além da alienação total do trabalho, tanto do arquiteto quanto do construtor, estamos diante de um desperdício colossal de recursos naturais, independente do material utilizado na construção. Quando paredes necessitam de camadas espessas de revestimento para disfarçar defeitos da construção, é sinal de que algo está errado: "o importante é trabalhar bem com o material. Não importa que seja pré-fabricado. O que se faz hoje em construção é um pavor, é um equivoco total, do principio até o fim".[11]

A INDUSTRIALIZAÇÃO DA CASA UNIFAMILIAR NO BRASIL

A indústria brasileira se consolidou apenas nos anos 1940, durante o Governo Vargas; em São Paulo, a presença é maior na década de 1950 com a chegada das montadoras automobilísticas. Durante esse período, a construção civil deu pequenos passos para sua industrialização, mas ainda dependendo de bons artesãos, principalmente europeus, e da mão de obra dos emigrantes, em geral nordestinos.

Os arquitetos brasileiros sempre idealizaram a industrialização da construção, parcial ou total. Muitos ensaiaram esse

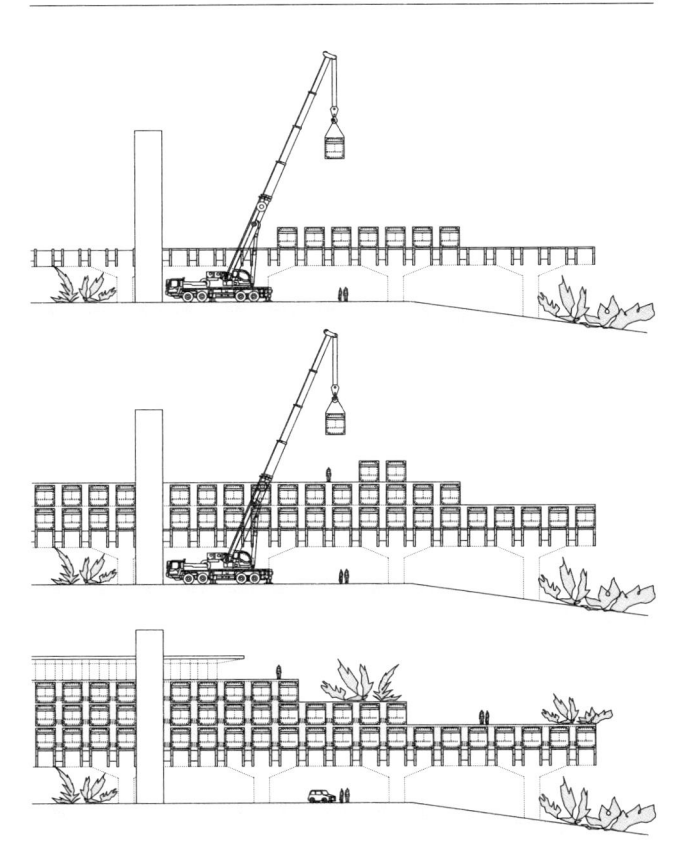

Secretarias do Centro Administrativo da Bahia, montagem dos componentes, Salvador BA. João Filgueiras Lima, 1973. Redesenho de André Marques

desejo de alguma forma; em alguns casos, na sua própria casa. No entanto, é importante salientar que, até a segunda metade do século 20, o país era predominantemente agrário, limitando as possibilidades da indústria da construção civil.

AS CASAS AQUI APRESENTADAS NEM SEMPRE FORAM ALVO DE PREOCUPAÇÃO COM SUA SERIAÇÃO; MUITAS DESTINAVAM-SE A SER SIMPLESMENTE UM PROTÓTIPO.

O recorte mostrado não abrange todas as experiências brasileiras; concentra-se, de maneira geral, na região Sudeste do Brasil.

Podemos imaginar o estudo de racionalização da casa moderna desde as primeiras propostas de Lúcio Costa para a Vila Monlevade, em 1934, cujo ideal seria uma obra que equilibrava a tradição artesanal de construção (taipa) com produtos industrializados, como a madeira serrada e as telhas Eternit.[12] Ou seja, o arquiteto tentou unir as características da construção rural com as novas possibilidades técnicas. O projeto para a Vila Monlevade é emblemático na história da arquitetura brasileira, em especial pela trégua entre o desejo moderno e as limitações encontradas no Brasil. E muito nos remete à experiência de Le

Corbusier para as casas industrializadas Loucheur, de 1929, com parede de pedra mediana e volumes suspensos por pilotis.[13]

Outro exemplo. A residência Lota Macedo Soares, em Petrópolis, projetada em 1951 por Sérgio Bernardes, mostra a experimentação do arquiteto com novos materiais provenientes da indústria metalúrgica: como as vigas treliçadas e telhas, ambas metálicas. Esta obra se relaciona com as experiências desenvolvidas na Califórnia para os Case Study Houses, publicadas na revista *Arts and Architecture*. Tais projetos são assinados por nomes como Richard Neutra, Charles e Ray Eames, Eero Saarinen, Pierre Koening, dentre outros.

Já a residência do arquiteto Paulo Mendes da Rocha, no bairro do Butantã, propõe um espaço livre multifuncional que acaba por gerar três soluções distintas e que podem ser notadas também na casa projetada para sua irmã e em uma terceira, construída em Goiânia. Apesar do gosto por uma construção industrializada, as preocupações do arquiteto estão na flexibilidade e repetitividade de componentes, incorporando os valores iniciais de uma casa industrializada.

Entre 1963-1965 os arquitetos realizam algumas propostas compactas e estratificadas; são variantes de uma mesma ideia de *casa-apartamento*, cujo programa é acomodado

em apenas um pavimento, sobre pilotis, com planta
aproximadamente quadrada, duas empenas paralelas mais
abertas, duas mais fechadas e distribuição da ocupação
interna em três faixas paralelas às fachadas mais abertas
protegidas por largos beirais planos, por onde também
se situam escadas exteriores de acesso. Com essas
características são realizadas as casas Bento Odilon Ferreira
em Goiânia (1963), a casa Francisco Malta Cardoso, em
São Paulo (1964), e as duas casas *gêmeas* para a família do
arquiteto e de sua irmã, situadas em lotes vizinhos no bairro
City Butantã, com aparência e dimensões quase idênticas
embora o arranjo de plantas e as aberturas apresentem
pequenas variações.

A estrutura das casas *gêmeas* se define por quatro pilares
recuados do perímetro, vigas nervuradas e balanços de
proporção 1/3/1 dispostas em sentido paralelo às fachadas
mais fechadas, travadas por duas vigas perpendiculares,
com balanços de proporção 1/1,5/1 em outro sentido,
organizando a laje de piso e a laje de cobertura. A estrutura
pode ser considerada uma variante do esquema Dom-ino,
embora as fachadas mais vedadas favoreçam uma leitura não
homogênea em lados abertos/fechados enfatizando certa
semelhança com o esquema Citrohan. Comparece também

nessas casas a ideia, almejada pela proposição inicial da
obra, de executá-las com o emprego de pré-fabricação dos
componentes; desejo sempre perseguido pelo arquiteto, mas
só efetivamente realizado 25 anos depois, na casa Antonio
Gerassi Neto (1989).[14]

Mais um exemplo. A residência Boris Fausto, projetada
por Sérgio Ferro, assim como a proposta de Paulo Mendes, propõe a criação de um espaço dinâmico a partir de uma estrutura clara de apenas quatro pontos de apoio. Esta escolha de
fato partiu da possibilidade construtiva industrial pensada
em componentes que se repetem inúmeras vezes. Por outro
lado, se mostrou um sistema caro e preso aos interesses de
construtoras pela necessidade de grandes máquinas. Sendo
um sistema muito rígido com quatro grandes vigas de concreto, a obra só poderia ser construída com a ajuda de gruas.
De acordo com Ruth Verde Zein, essa casa é a primeira tenta-
tiva de uso de elementos pré-fabricados de porte industrial na
arquitetura residencial paulista:

Trata-se de uma casa em terreno irregular no loteamento
City Butantã, ocupando uma área inferior ao permitido já
que opta por simultaneamente atender aos amplos recuos

ARQUITETURA E INDÚSTRIA: ANDRÉ MARQUES

CONVERSANDO COM JEAN PROUVÉ   _____

obrigatórios e conformar um perímetro quadrado circunscrito,
o que restringe ainda mais a área aproveitável. A proposta
nasce de um esquema simples que aproveita como ponto de
partida o clássico tema palladiano do quadrado subdividindo
em nove quadrados (ou esquema jogo-da-velha), neste caso
com os pilares de sustentação posicionados nos cantos do
quadrado menor interno; sobre os quais se dispõem as vigas
principais de grande altura e amplos e amplos balanços (em
proporção 1:1:1), somadas a vigas de bordo perimetrais, nas
quais se destacam grandes gárgulas de esgotamento das
águas pluviais. [...]
Sob a cobertura apoiada nessas vigas são arranjados os
ambientes por meio de painéis autoportantes, conformando
aproximadamente dois ângulos *cheios* e dois ângulos *vazios*
diagonalmente opostos, estes configurando terraços cobertos
que dão continuidade e trazem para dentro de casa, por assim
dizer, os amplos jardins. Não sendo estruturais, as paredes
divisórias autoportantes podem ser dispostas de maneira
mais ou menos livre, mas preferem seguir um esquema de
grelha modular cujo ritmo é sincrônico com o ritmo geral da
estrutura, num desenho que pode ser decomposto em uma
sucessão de quadrados de diversos tamanhos parcialmente
superpostos, talvez à maneira pictórica construtivista;

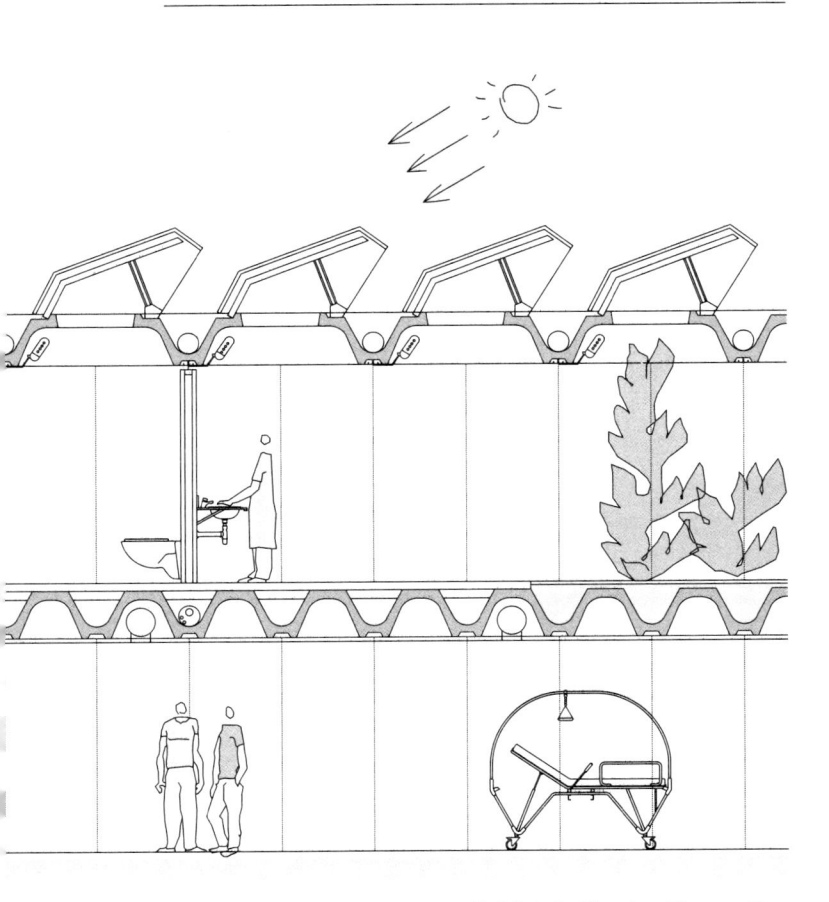

Hospital Sarah Brasília, corte, Brasília DF. João Filgueiras Lima, 1978.

Redesenho de André Marques

eventualmente esses ambientes ultrapassam, mas não muito,
a área coberta principal, mas quase sempre praticamente se
alinham com seus limites.

Esse minucioso domínio do desenho da planta soma-se a
um certo desejo de aleatoriedade estritamente *funcional* das
elevações, que por assim dizer não são desenhadas, mas
resultam da combinatória de diferentes tipos de elementos
de fechamento que são agregados conforme necessário. O
resultado plástico dessa deliberada ausência de controle
forma das fachadas somada à grande altura das vigas e à
altura mínima dos pés-direitos, reforça a horizontalidade
marcante do conjunto, tornando a volumetria densa e um
tanto pesada.[15]

Rapidamente o arquiteto abandonaria essa solução em
busca de uma forma construtiva que não alienasse o operário,
como podemos ver na obra de Rodrigo Lefèvre, parceiro de Sérgio Ferro e Flávio Império na associação conhecida por Grupo
Arquitetura Nova.[16]

A residência Dino Zammataro é uma proposta que vem de
uma série de experiências de Rodrigo Lefèvre em casas-abóba-
das. Propondo um canteiro participativo, onde os construtores
também controlariam o processo de criação da casa, o projeto

objetivava reconstruir o ideário do canteiro com uma nova proposta marxista sobre o trabalho.[17] Posteriormente, em 1981, Lefèvre retoma a poética das abóbadas em sua dissertação de mestrado, desenhando possíveis pré-fabricações das cascas de cobertura, diferentemente das soluções construídas anteriormente em bloco. Assim Revelando o antigo desejo da industrialização da construção.

Em contrapartida, a residência Antonio Gerassi Neto, projetada por Paulo Mendes da Rocha, propõe uma ideia diferente das casas anteriores. O arquiteto a projetou utilizando componentes *padrões* do mercado da construção civil.

O conjunto de indústrias paulistas que produz peças de concreto armado e de concreto protendido representa um gigantesco patrimônio de tecnologia e racionalização da construção civil. Os sistemas desenvolvidos, limitados sob a forma de arranjos ideais aos quais se obrigam os fabricantes – elenco de peças – constituem um desafio para os arquitetos, quando, além de influirem na criação de novos desenhos, inventam soluções e combinações para realizar os espaços adequados.

Quanto ao programa na prática, é um dos melhores momentos de encontro entre invenção formal e técnicas construtivas. Um trabalho estimulante e atraente como mostra esse modesto exemplo. A casa é limpida e agradável. A obra resultou muito fácil de organizar nas suas diferentes etapas de complementação, vedações de alvenaria de blocos e também de concreto, caixilhos, instalações elétricas, hidráulicas e mobilia.[18]

A concepção de espaço trabalhada nesse caso é muito parecida com a proposta de sua própria residência: ou seja, grandes vãos livres que permitem a livre ocupação do programa no espaço com o uso de divisórias leves.

ESSA IDEIA DE SE APOIAR NO PARQUE INDUSTRIAL DISPONÍVEL SÓ FOI POSSÍVEL A PARTIR DO FINAL DOS ANOS 1980, COM A REDEMOCRATIZAÇÃO DO PAÍS E UMA CONDIÇÃO DE MAIOR 'KNOWHOW' NO USO DO CONCRETO ARMADO.

A residência do arquiteto Percival Deimann já utiliza esse desenvolvimento industrial, mesmo que de forma insipiente. O projeto foi elaborado por ele junto a seu colega, o arquiteto Antônio Gil Andrade, responsável pelos desenhos dos diversos componentes metálicos para a execução (montagem).

Dentro dessa linha histórica e de evolução das possibilidades construtivas, é importante ressaltar a residência do engenheiro Hélio Olga Jr., projetada pelo arquiteto Marcos Acayaba.

Hélio Olga é proprietário da Construtora ITA, uma indústria da construção em madeira,[19] e sua residência pessoal tornou-se um exercício das possibilidades construtivas do material. Acayaba implanta a casa no sentido transversal ao declive, obrigando o projeto a *flutuar* sobre o terreno. A estrutura se apoia, como uma grande árvore, sobre seis *tubulões* de concreto que afloram do solo. E o programa se desenvolve em quatro pavimentos, sendo o último (mais próximo do terreno) com dimensões reduzidas. Como relata o arquiteto no memorial descritivo:

O cliente, engenheiro civil, projetista e fabricante de estruturas de madeira, comprou um lote de 900 m² com 100 % de declividade para o fundo, na intenção de ali, ao construir sua casa, realizar uma experiência em industrialização da estrutura e das vedações, elaborar e testar um protótipo para casas a serem implantadas em pirambeiras. Para isso, propôs para o projeto um programa bem comum: sala, cozinha, serviço, três quartos, quarto de hóspedes, sala para crianças, abrigo para dois carros e piscina, num total de 200 m² de área útil.

O programa foi organizado em duas partes, distintas

construtivamente: um patamar de entrada com garagem e piscina, junto ao alinhamento, de concreto armado, apoiado diretamente no terreno; e uma torre de madeira, perpendicular às curvas de nível, apoiada em seis tubulões.

A área social e o serviço, que deveriam estar junto à rua, foram organizados num "L" voltado para a vista a Nordeste, com a casa protegendo a piscina do vento Sul.

A partir dos tubulões, três treliças principais (bi-articuladas) com módulos quadrados de 3,30 m desenvolvem-se simétricas através de balanços que se sucedem a cada andar.

O desenho da casa resultou do equacionamento conjunto de programa e estrutura: são, no perfil, cinco módulos superiores para sala e serviço, com 100 m², três módulos abaixo para dormitórios, com 60 m², e, finalmente, os módulos restantes com 20 m² cada, para dormitório de hóspedes e sala das crianças, sempre incluindo a área da escada.

A estrutura é simétrica e equilibrada, sua geometria considera seu próprio sistema de montagem, sem escoramentos (ver desenho no Memorial de Estrutura).

O módulo estrutural, 3,30 x 3,30 m, permitiu que, com 2,50 m de pé-direito em toda a casa, sobrassem, para cada piso e na cobertura, 65 cm livres da estrutura para a passagem das instalações (visitáveis) e de ventilação cruzada. Daí, por convecção, o ar fresco pode ser encaminhado aos ambientes através de aberturas no piso, com a correspondente exaustão do ar quente pelo teto.[20]

Esse projeto inaugura uma série de experimentações feitas pela dupla Marcos Acayaba e Hélio Olga para casas em terreno de grande declividade e difícil acesso. A leveza do material e sua pequena dimensão permitiu a industrialização da obra, viabilizado o custo e diminuindo o impacto ambiental nos terrenos escolhidos para construção.

A residência Roberto Pinho (2007-2008), projetada por João Filgueiras Lima, é mais uma experiência de industrialização da casa unifamiliar. Utilizando as possibilidades da indústria de estrutura metálica em Brasília, Lelé projetou e construiu a residência de seu amigo, o antropólogo Roberto Pinho. A casa foi totalmente montada sem necessidade de gruas ou grandes braços mecânicos. Todos os componentes são leves e permitem uma montagem manual que não onera o processo construtivo. Tal como no projeto de Marcos Acayaba, esta casa também foi construída sobre um terreno acidentado.

Esse breve recorte histórico demonstra as dificuldades encontradas pelos arquitetos na industrialização de uma residência unifamiliar no Brasil. Levando em conta as discussões que serão levantadas sobre a obra de Lelé – a busca, ao longo de sua trajetória, pelo desenvolvimento industrial da construção – algumas das soluções analisadas até aqui buscaram maior leveza estrutural, permitindo uma montagem simples e, até mesmo, manual. João Filgueiras Lima, na residência Roberto Pinho – assim como Marcos Acayaba em suas experiências em madeira –, consegue, com uma industrialização leve, viabilizar os problemas de custo e execução da obra encontrados nas grandes estruturas em concreto armado, caso das residências Boris Fausto e Antonio Gerassi Neto.

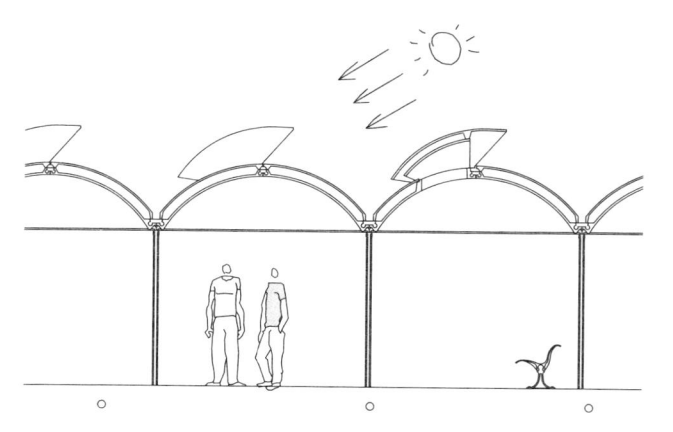

Creche Mais, corte, Salvador BA. João Filgueiras Lima, 1987.

Redesenho de André Marques

ESPAÇOS SERVIDOS E SERVIDORES

A arquitetura industrializada de Lelé apresenta características projetuais muito claras. Uma delas é o desenho estrutural
em árvore de suas plantas, um *tronco* de circulação central que
ramifica os espaços programáticos. Essa forma permite a livre
expansão dos espaços sem interferir na estrutura funcional. O
tronco possibilita a centralização das instalações e a manutenção preventiva do edifício.

**LELÉ ADOTA COMO PRINCIPIO A
INDEPENDÊNCIA DO ESPAÇO PELA SUA
FUNCIONALIDADE; PARA ISSO UTILIZA A
LIBERDADE ESTRUTURAL DO AMBIENTE EM
RELAÇÃO AOS EQUIPAMENTOS SERVIDORES.**

Os equipamentos, espaços servidores – como circulação (elevadores e escada) e instalações (banheiros/shaft) –, são relacionados
de forma independente da estrutura principal do edifício, os
espaços servidos. Essa solução permite a flexibilidade dos espaços tanto construtiva como funcional, preocupações constantes
na obra de Lelé. Preocupação que também pode ser identificada,
por exemplo, na obra do arquiteto norte-americano Louis Kahn.

O pensamento de Kahn está presente na maior parte das obras contemporâneas consideradas de alta tecnologia. O arquiteto inglês Richard Rogers lembra que essa separação de elementos de vida curta ou longa possibilita maior adaptabilidade do espaço.[21] O projeto do Edifício-Sede do Lloyds Bank de Londres (1978-1986) é excelente exemplo das possibilidades dessa tipologia de ideia de ordem hierárquica.[22] Sua liberdade espacial tanto no plano vertical quanto no plano horizontal permite ampliações futuras.

A mudança na forma de projetar é necessária para se fazer uma arquitetura industrializada como a de Lelé. Entender as partes separadamente – função, estrutura e fechamento – é o primeiro passo para a execução da obra. Lelé salienta a importância de entender o todo para depois simplificar as partes. Essa mesma forma de pensar é identificada em Jean Prouvé, que afirmava o quanto a industrialização da construção tinha que ser objetiva e simples.

Minhas casas são muito simples, porque acredito que só se pode fazer a industrialização com o minimo de peças. Se houver peças demais, não funciona. Parafusos, cavilhas e pinos são acessórios a proscrever.[23]

Para Prouvé e Lelé, a construção pode ser simplificada ao se tornar objetiva. E tal objetividade levou ambos a uma construção manual sem necessidade de equipamentos pesados e caros. O excesso de componentes onera a produção e inviabiliza a industrialização da obra. Também é fator importante o peso dos componentes, pois além do grande uso de matéria-prima para sua execução, aumenta os esforços na hora da montagem. Para a montagem nas obras de Lelé e Prouvé nasce com os primeiros croquis do projeto.

Prouvé alertava pare essa nova questão advertindo sobre a importância do controle da obra pelo arquiteto, através da qual ele poderia executá-la como idealizada.

Muito rapidamente compreendi que não era possivel fazer nada de bom, porque o processo entre a criação e a execução era ruim. [...]
Este é um dos grandes males dos escritórios de arquitetura: eles não têm controle da situação.[24]

Hoje, no Brasil, encontramos a figura do especificador de materiais, o que leva a obra perder sua contextura,[25] se tornando refém das fábricas. O arquiteto perde sua voz de criador livre para se tornar um vendedor de produtos diversos para a construção. Sendo ele um criador e realizador, jamais pode abandonar estas posições. Sobre o tema do distanciamento do arquiteto da fábrica ou canteiro, Jean Prouvé critica:

O resultado: uma arquitetura cujos detalhes em geral são ruins, uma arquitetura que não revela sua contextura, da qual não emana a sensibilidade que têm as coisas velhas, construídas com técnicas maravilhosas.[26]

Prouvé completa, afirmando que essa visão generalista evita a posição do arquiteto como um escultor, preocupado somente com as formas do edifício. Deixa claro, portanto, a importância de o arquiteto dispor da visão global da obra e seu controle.

Eu sempre digo, eu sempre falo do construtor. Isso abrange também a ideia de alguém que tem uma espécie de iluminação instantânea que revela a totalidade do que deve fazer: ele não vê a arquitetura pela forma, ele vê a arquitetura pela maneira mais ou menos complexa de edificar, o que terá como consequência tal ou tal forma.[27]

Mesmo com essa responsabilidade sobre o canteiro, para fazer uma obra industrializada o arquiteto terá que se tornar um industrial e não mais um artesão. Prouvé dizia que Le Corbusier tinha enorme interesse pelas possibilidades industriais, mas nunca deixou de ser um artesão.

Ao longo de toda a sua vida, nunca deixou de apelar para as indústrias: *Venham a mim os industriais e faremos arquitetura industrializada.* Eu era um industrial e da prática. Mas na verdade, Le Corbusier nunca conseguiu se colocar de acordo com os industriais, porque era um individualista, porque no fundo era um artesão. Há um lado de artesanato em tudo o que ele fazia. Sabem como é, aquele concreto irregular, aquela vontade do concreto bruto, aquele efeito aglutinado um tanto de viés; tudo isso era completamente contrário àquilo que eu pensava. Mas que ele apreciava.[28]

Podemos entender que a faceta de artesão é que transforma Corbusier no mestre dos brasileiros. Quando ele visita o Brasil em 1929, era impensável o país montar aqui uma universidade como a Bauhaus, voltada aos princípios do desenho e da industrialização. Em razão dessa realidade brasileira, Corbusier se torna o grande exemplo dos arquitetos locais; sua obra está presente no repertório de grande parte deles.

Nesta realidade, Lelé se afasta dos colegas cariocas. Sua produção arquitetônica faz dele um arquiteto industrial, preocupado com a eficiência construtiva e funcional da obra. Um pensador criativo que busca soluções inventivas para confecções de componentes e eficiência ambiental.

A FIGURA DE ARTISTA/ARTESÃO É SUBSTITUÍDA PELA DO INVENTOR/CIENTISTA. E ESTA NOS REMETE À IMAGEM DE BUCKMINSTER FULLER, QUE, JÁ NO FINAL DOS ANOS 1920, DESENVOLVIA OS ESTUDOS PARA A CASA DYMAXION.

O trabalho em equipe é outro fator para execução de uma arquitetura industrializada. O arquiteto assume a posição de um generalista, um líder dentre vários especialistas. Essa situação de generalista e do controle da obra que o arquiteto assume, na visão de Lelé e Prouvé, nos faz perceber a predileção deles por um sistema construtivo de ciclo fechado. Sobre tal sistema, Paulo Bruna define:

É assim chamada industrialização de ciclo fechado, pois uma mesma empresa, ou grupo de empresas coligadas, executa inteiramente com seus próprios meios em suas próprias usinas o produto final, isto é, o edifício completo.[29]

O arquiteto canadense Moshe Safdie, no texto de 1987 "Além do Habitat", faz uma reflexão crítica sobre sua produção que iniciou com o Habitat 67 e comenta as limitações do uso do sistema construtivo de ciclo fechado que ele adotou.

Depois de Coldspring e do fracasso da segunda geração de Habitats, me dei conta que a ênfase em um sistema construtivo fechado era um equivoco. O futuro pertenceria aos sistemas abertos nos quais partes componentes pré-moldadas desenvolvidas por diversas indústrias seriam reunidas num único edifício. Em um sistema fechado, achávamos que uma fábrica poderia produzir sistemas compativeis que formassem todas as partes de um edifício – janelas, cozinhas, banheiros, estrutura, elementos de aquecimento e refrigeração. Em um sistema aberto nós podiamos juntar componente pré-moldados disponiveis, sistema de paredes continuas, elementos estruturais modulares e conjuntos mecânicos. Conclui que era o caso de tentar pensar na indústria como um todo coordenado para tornar componentes individuais compativeis, do ponto de vista do dimensionamento e sob outros aspectos. Levou pelo menos outra geração antes que atingíssemos essa meta.[30]

Por outro lado, Prouvé fala sobre as limitações do sistema aberto por não haver uma unidade que constrói um todo. Pois, para ele, cada parte da obra, cada detalhe, está relacionado à proposta estrutural do projeto. Prouvé critica também a arquitetura de catálogo norte-americana, na qual era possível comprar peças separadamente e depois construir um edifício com a soma desses produtos.

Só nos Estados Unidos é possível construir escolhendo elementos de construção por catálogo. É uma arquitetura abominável.

Minha proposta era diferente. Para mim, é sempre necessário propor um conjunto e não um pedaço. Isto para evitar que um industrial qualquer se diga: *Oba, vou fazer uma janela, vou me informar sobre as normas e determinar as dimensões da minha janela e depois vendê-las para os arquitetos*. A minha ideia era que se devia propor coisas completas, do mesmo modo que fabricantes de geladeiras ou de automóveis fabricam um objeto completo. Todos os elementos que constituem são, em princípio, coerentes entre si, se harmonizam, se ajustam.[31]

As ideias de Lelé se aproximam de Prouvé nesse ponto. Graças à realidade brasileira, Lelé não acredita na possibilidade do uso de sistema construtivo aberto, atuando com o parque industrial existente. O arquiteto fica fora das escolhas da indústria, que, por sua vez, está preocupada com um produto único. Em resumo, a arquitetura industrializada só ocorre quando a indústria se dispõe a trabalhar com o arquiteto em um projeto de criação em equipe.

O poder da indústria é tão forte que os arquitetos vão ficar sempre a reboque. Nosso grande problema, como arquitetos, é determinar a interação entre esses produtos. A indústria da construção civil evoluiu, a cerâmica que se faz hoje é muito melhor que a cerâmica que se fazia há cinquenta anos. Mas a integração dessa cerâmica com o edifício é péssima, igual ou pior do que foi há cinquenta anos. Os sistemas produtivos da indústria da construção civil – a produção do aço, do vidro e de outros materiais – evoluiu demais. Esses materiais tornaram-se mais lucrativos para as empresas que os produzem, mas não para a obra, porque nada disso se casa. Não existe um sistema racional capaz de ligar todas essas fases e serviços que interferem numa obra. Às vezes, você tem trinta, cinquenta produtos diferentes, que acabam transformando o objeto num Frankenstein. Um ser, para ser considerado unitário, tem que ter interação entre todos os órgãos. E isso não existe na construção civil. [...]

A indústria está muito na frente e impõe tecnologias. Veja só: minha modulação aqui é de 62,5cm por 62,5cm. Se eu pedir ao fabricante do porcelanato, ele, quando muito, consegue produzir peças de 50 cm por 50 cm, com as folgas que eu preciso para conseguir modulá-las a cada 2,50m. Se eu conseguir um módulo que se ajuste na construção, tenho economia. Se não, tenho desperdício, fatalmente. Por isso acabamos fabricando tudo. Até ventilador, porque no nosso caso o braço do ventilador precisa chegar ao meio da sala. Não adianta comprar um ventilador que tem um braço curto, pois não encaixa na canaleta que está lá para passar os fios. Além disso, ele é feito para ser fixado na laje, mas aqui não tem laje. Nada interage com nada na construção civil no Brasil... zero![32]

ARQUITETURA É CONSTRUÇÃO

Jean Prouvé desenvolveu uma série de trabalhos em que as questões de industrialização de peças leves e desenho estrutural se assemelham às preocupações de Lelé. As propostas de leveza das peças e de uma solução formal correspondente ao esforço vêm da busca por uma economia global, quando se levanta a questão do uso do material, sua execução e seus custos finais.

Prouvé executou inúmeras obras nos anos 1940 e 1950, construídas com chapas dobradas e montadas manualmente, caso de sua residência em Nancy (1953-1954), erguida com *sobras* de obras não executadas em suas oficinas de Maxéville. Desta forma, a construção da casa, em um terreno de grande declividade, foi possível com o trabalho de poucos operários e dos próprios familiares de Prouvé.

Quando Lelé projetou a casa do seu amigo Roberto Pinho, fez algumas opções muito parecidas com a residência de Prouvé em Nancy. A primeira foi a possibilidade da montagem manual e simplificação dos componentes. Segundo Lelé, o cliente gostava muito de construção e queria participar. Roberto Pinho desenvolveu inúmeros projetos com Lelé: juntamente com o arquiteto e designer Alex Peirano Chacon, criaram a Equiphos,

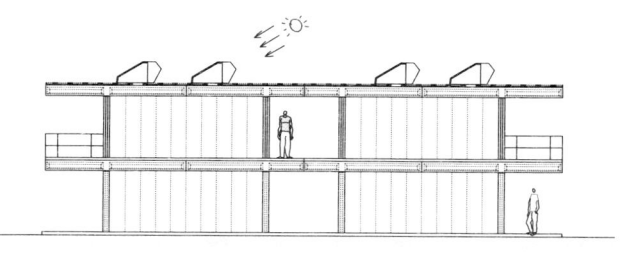

Escolas em argamassa armada – Faec, corte, Salvador BA.
João Filgueiras Lima, 1988. Redesenho de André Marques

inicialmente montada no escritório de Lelé em Brasília, que tinha como objetivo projetar equipamentos hospitalares – como, por exemplo, a cama-maca.

A segunda semelhança está na implantação e tipologia térrea. A casa se assenta sobre um platô semicircular construído com arrimos de pedra e que permitiram que ela fosse executada sem a necessidade de grandes escoramentos. As peças metálicas chegavam na cota mais alta e desciam por gravidade. Sua estrutura é extremamente leve: pilares tubulares e vigas curvas em treliças, ambos metálicos. Lelé não opta pela tipologia suspensa em pilotis, solução comum em sua trajetória profissional, simplificando assim o projeto e a construção.

Sobre a evolução constante na arquitetura industrializada e como a repetição de algumas soluções permite a evolução da construção, Jean Prouvé diz:

Muito frequentemente, as críticas às minhas ideias sobre a indústria eram dirigidas à uniformidade: nós chegaríamos a uma arquitetura padronizada em toda França, diziam. Minha resposta era imediata: *Vocês estão completamente enganados. Nada é mais dinâmico e mutável do que a indústria. Olhem um avião de 1900 e um avião de hoje, não é o mesmo, ainda assim ambos são industrializados.* [...]

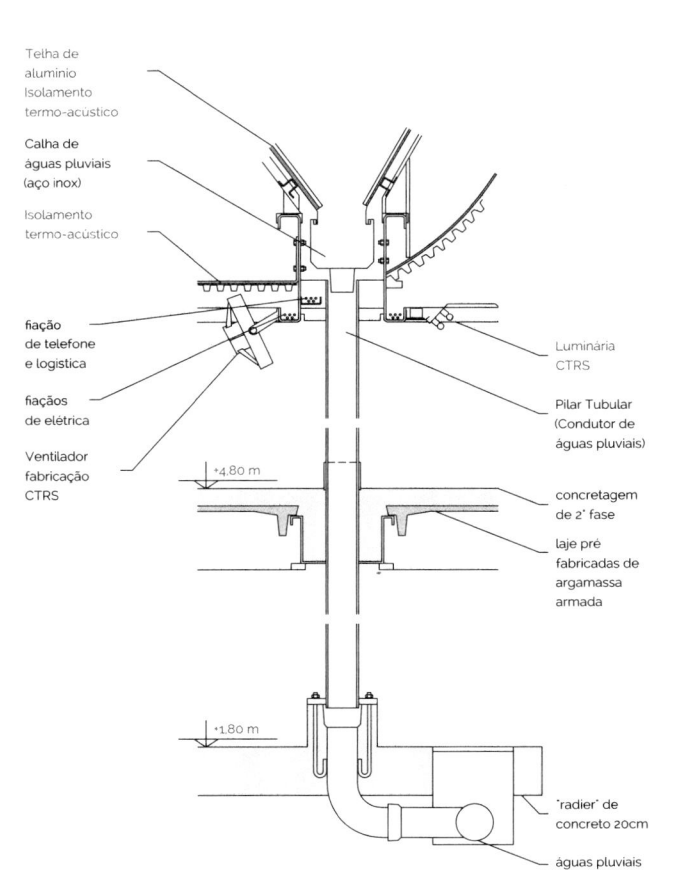

Telha de
aluminio
Isolamento
termo-acústico

Calha de
águas pluviais
(aço inox)

Isolamento
termo-acústico

fiação
de telefone
e logistica

fiaçãos
de elétrica

Ventilador
fabricação
CTRS

Luminária
CTRS

Pilar Tubular
(Condutor de
águas pluviais)

+4,80 m

concretagem
de 2° fase

laje pré
fabricadas de
argamassa
armada

+1,80 m

"radier" de
concreto 20cm

águas pluviais

Detalhe construtivo com uso de chapa dobrada e argamassa armada
pré-fabricada. João Filgueiras Lima. Redesenho de André Marques

Nós poderíamos fabricar muitas casas de certo tipo, e tenho

certeza, caso a industrialização fosse bem compreendida,

que pela força das coisas, pela busca da economia, pelo

aprimoramento de determinado tipo, a casa do próximo ano

seria diferente daquela em curso... Ou seja, não há por que

temer a uniformidade. A indústria deve permitir renovação e

assim, a evolução arquitetônica.[33]

Este fato pode ser melhor entendido na obra de Lelé quando olhamos o uso do shed. O arquiteto explica que a adoção repetida da solução permitiu um avanço sobre seu funcionamento.

Gostaria de trabalhar como um designer, mas estou muito

aquém disso. Do ponto de vista conceitual, meu trabalho

seria isso: juntar partes. A indústria, de modo geral, assume a

recorrência, a repetição para se aprimorar. Mas se eu tivesse

repetido o shed de Salvador em Fortaleza, não teria aprimorado

nada. Através das pesquisas que fiz e da sua justa aplicação,

hoje tenho uma consciência maior sobre como funciona o shed.

O princípio da cobertura em shed é recorrente, mas o desenho

da cobertura não é o mesmo. Tem sempre uma novidade,

algum aperfeiçoamento.[34]

A pesquisa dentro do projeto pode, em alguns casos, fracassar. No entanto, tais enganos são de grande contribuição a este universo. A experiência projetual e construtiva para esses arquitetos são levadas ao campo das ciências exatas, seja por métodos empíricos ou não. Avançam através do campo da prática, estabelecendo grandes reflexões teóricas. Sobre estas questões, Prouvé completa: "A gente se enganou muitas vezes, só quem não constrói é que não se engana".[35]

RACIONALIZAÇÃO E RECORRÊNCIA

Quando pensamos em obras industrializadas, nos deparamos com a questão da demanda e produção em escala. A produção do edifício precisa ser garantida para compensar o investimento na montagem de uma fábrica, como Lelé explica em entrevista à revista *AU – Arquitetura e Urbanismo*, de 1987:

Para ter uma construtora que invista numa *fábrica de escola* é preciso que o Estado garanta a compra de toda produção, pois ninguém pode montar uma fábrica como essa para depois ouvir *agora não vou mais construir escola, não quero mais essas pré-fabricadas, quero diferente.*[36]

Com o aporte do Estado, Lelé sempre contou com a questão de demanda para a produção em escala de seus projetos. Tal afirmação tem sentido para as escolas e equipamentos urbanos desenhado por ele; mas, quando olhamos a produção de hospitais e/ou tribunais feitos no CTRS, verificamos que certos detalhes construtivos foram feitos especificamente para cada obra. Confirmação esta que pode ser feita ao compararmos os sheds de algumas delas.

Convém notar que, ao levantarmos a questão dos sheds, estamos falando de uma recorrência projetual e não de uma peça standard repetida inúmeras vezes. A recorrência é fundamental para se entender as questões construtivas de sua obra.

LELÉ ASSUME UMA POSIÇÃO DE DESIGNER INDUSTRIAL, BUSCANDO A EVOLUÇÃO PRODUTIVA E ECONÔMICA DO OBJETO.

Em uma mesma obra, os sheds podem ter dimensões diferentes e sua repetição se justifica por demanda, mas está intrinsecamente ligada à criação de cada espaço do edifício, agregando funções de conforto ambiental, estrutural e de instalações (elétrica e hidráulica). O projeto de cobertura em sheds não difere de suas soluções de coberturas planas ou em casca, pois, em todos os projetos, a cobertura é carregada de funções fundamentais.

Para Lelé, a racionalização independe de escala. Podemos entender tal questão ao imaginamos as etapas que prosseguem o projeto. Com o avanço, definições são necessárias para sua execução e a racionalização permite a organização geral do projeto. Seus benefícios são as identificações de repetições e exemplares únicos dentro da estrutura do desenho. E esta identificação permite correções – quando necessárias – de toda a malha organizadora, evitando com isso desperdícios de toda ordem e gerando economia de insumos.

REPETIÇÃO DA FORMA
E POSSIBILIDADES

Mesmo em obras de concreto armado fundido in loco é possível perceber os princípios de racionalização e repetição. Os motivos são inúmeros, mas os principais referem-se à economia em fôrmas, matéria-prima e trabalho. A igreja do Centro Administrativo da Bahia – CAB é um bom exemplo de como a repetição formal da estrutura não significa uma *prisão*. Para pensarmos essas obras, podemos usar duas *outras* – de períodos e autores distintos – como base para compreensão desses conceitos.

A Catedral de Brasília (1959-1970), desenhada por Oscar Niemeyer, utiliza um único desenho de pilar que, repetido dezesseis vezes, gera uma planta circular. A igreja de Lelé no CAB também é formada por uma repetição dos pilares, no caso doze, em forma de pétalas com balanços de 17 metros. Estas pétalas são repetidas em caracol, variando suas alturas progressivamente, o que acaba por gerar um espaço magnífico.

A Igreja Padre Pio Pilgrimage, em San Giovanni Rotondo, projeto de Renzo Piano, possui 20.400 metros quadrados de área construída em arcos de calcário, sendo que o maior deles tem 16 metros de altura por 50 metros de comprimento. Os arcos são pré-fabricados em fôrma de blocos e empilhados, evocando a arquitetura religiosa tradicional. A disposição destes arcos em caracol, assim como na igreja desenhada por Lelé, evidencia um desenho estrutural clássico tratado de forma correta para seu tempo.

TRANSPORTE, ARMAZENAMENTO E MONTAGEM

Quando pensamos em leveza estrutural, dois fatores são importantes: o peso real e o peso sensorial da estrutura. Para Lelé, ambas questões são fundamentais e se fundem. No entanto, é possível encontrar exceções em sua obra: como é o caso do Hospital Sarah de Brasília, construído em concreto armado, com grandes vigas Vierendeel e balanços. Nos demais projetos, principalmente a partir da metade da década de 1980, Lelé busca uma leveza estrutural para facilitar a montagem e construção da obra.

O aço e a argamassa armada são muito utilizados: o primeiro para estrutura, fechamento de cobertura e vedos; e o segundo para divisórias, pisos e também para vedos. Para conseguir resistência e leveza – em ambos os materiais –, Lelé emprega a dobradura dos planos, criando nervuras estruturais. Solução muito semelhante a de Pier-Luigi Nervi em suas obras, quando se trata de argamassa; e de Jean Prouvé, em chapas finas de aço.

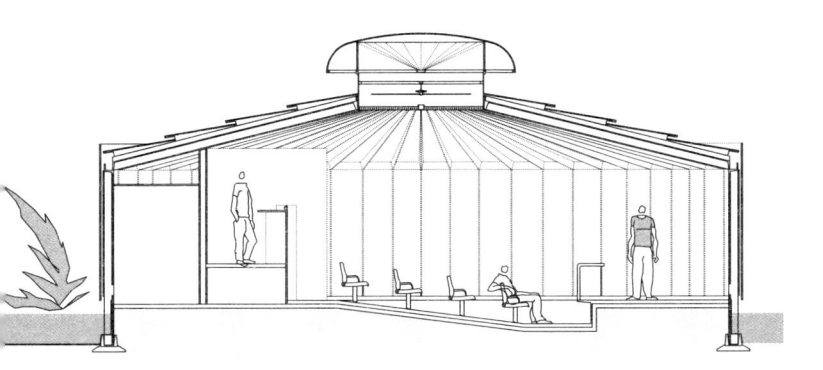

Sede do TCU, corte do auditório, Salvador BA. João Filgueiras Lima, 1995. Redesenho de André Marques

**TAL COMO PROUVÉ, LELÉ ALIA A LEVEZA
À MONTAGEM MANUAL, VIABILIZANDO A
INDUSTRIALIZAÇÃO SEM NECESSIDADE DE
GRUAS PESADAS.**

Sobre este aspecto, notamos grande diferença nas imagens da construção das obras de Lelé quando comparadas a de outros arquitetos, principalmente nas experiências do final dos anos 1960, como o Habitat 67.

Com o componente pesando menos de cem quilos, é possível a montagem manual. Em alguns casos, quando isso não é possível, Lelé faz uso de máquinas menores, como o caminhão *munck*. Para entender melhor esta redução de peso, podemos comparar dois pontos de ônibus desenhado por Lelé: um em concreto armado (pesando 2.500 quilos) e outro em argamassa armada (com setecentos quilos). A mudança do material construtivo significa uma diferença de 1.800 quilos; ou seja, a peça em concreto pesa duas vezes e meia a mais que o de argamassa armada.

O sistema construtivo adotado por Lelé na Rede Sarah demonstra sua atenção com a leveza. Por exemplo: a estrutura de cobertura metálica é feita em aço especial, constituída por pilares tubulares nos quais se apoiam as vigas duplas, em chapas dobradas, que, por sua vez, recebem a treliça metálica em arco, que formam os sheds. As águas pluviais são recolhidas nas calhas de aço inoxidável, alojadas no meio das vigas duplas e dirigidas para os pilares que funcionam também como dutos de queda. A estrutura que suporta os pisos é constituída pelas mesmas vigas duplas, que agora recebem as lajes pré-fabricadas de argamassa armada, com 2 centímetros de espessura e nervuradas. Após a montagem, são recobertas por uma malha metálica e pela concretagem, consolidando assim a estrutura.

A leveza e o tamanho dos componentes são fatores importantes para o armazenamento e o transporte. Dessa forma, eles podem ser movidos por carretas simples e mantidos em palhetes no canteiro, sendo daí retirados para o uso, com ou sem grua.

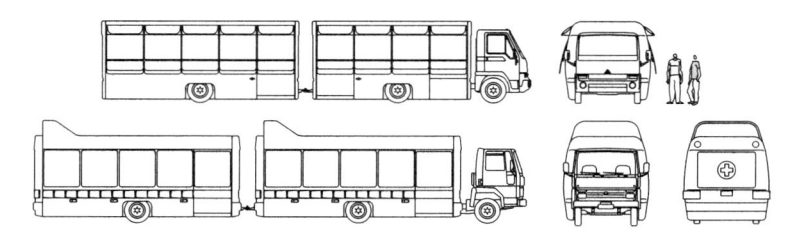

Trolley da Rede Sarah. João Filgueiras Lima.
Redesenho de André Marques

MOBILIÁRIO, OBJETOS E TRANSPORTE

Quando observamos a produção de João Filgueiras Lima, notamos que seus projetos vão muito além de edifícios. Assim como os grandes mestres da arquitetura, ele rompe fronteiras do conhecimento, desempenhando o papel de designer e criando inúmeros objetos, desde móveis de interiores, mobiliário urbano e carroceria de ônibus até equipamentos hospitalares.

Com o desenvolvimento da indústria, inúmeros arquitetos se aventuram no desenho de objetos. E com o automóvel não foi diferente. Joseph Maria Olbrich, Adolf Loos, Walter Gropius, Jean Prouvé, Le Corbusier, Buckminster Fuller e Frank Lloyd Wright desenharam carrocerias para a indústria automobilística.[37] Recentemente, arquitetos identificados com a alta tecnologia na Europa também contribuíram para montadoras, como são exemplos Renzo Piano e Norman Foster.

Quando comparamos carros desenhados por arquitetos, alguns pontos devem ser ressaltados. Apesar de serem propostas diferentes quanto a formas e preocupações, em algum sentido elas se aproximam. Os automóveis desenhados por Fuller e Corbusier, nos anos 1930, são característicos do período histórico em que foram criados. Os carros populares de linhas curvas expressam, por exemplo, uma grande atenção ao desempenho aerodinâmico,

Veículos propostos pelos arquitetos Le Corbusier, Buckminster
Fuller e Renzo Piano (1936, 1933 e 1978, respectivamente).
Redesenhos de André Marques

caso do Volkswagen Type 1 – conhecido no Brasil como Fusca –, desenhado por Ferdinand Porsche (1875-1951). Por outro lado, quando examinamos a proposta de Piano – o *Flying Carpet* –, vemos semelhanças com as questões construtivas de Lelé, pois o carro é concebido em argamassa armada sobre um chassi em sistema modular, o que permite a construção de modelos variáveis.[38] Tal proposta rudimentar foi desenvolvida para o Norte da África e utilizaria motorização da Fiat, importada da Itália.

A proposta de Lelé para o Trolley mostra sua preocupação com a ventilação e acessibilidade no veículo. Existem duas soluções para a carroceria deste veículo: uma delas apresenta um

Bicicleta projetada por Jean Prouvé, 1941-1942.

Redesenho de André Marques

sistema de ventilação em shed como nos projetos dos hospitais da Rede Sarah. Através de aberturas laterais, abaixo dos vidros, o ar entra na cabine passando pelo usuário e saindo pelo shed na cobertura da parte traseira do veículo. A outra é mais simples: os vidros permitem aberturas em sua parte inferior e são protegidos por quebra-sóis na parte superior. O Trolley é construído sobre um chassi de caminhão, aproveitando somente a cabine do motorista e sua carroceria em fibra de vidro.

Conforme foi visto, João Filgueiras Lima também desenha o mobiliário para os hospitais da Rede Sarah: sofás, poltronas, mesas e biombos. São móveis construídos com perfis metálicos

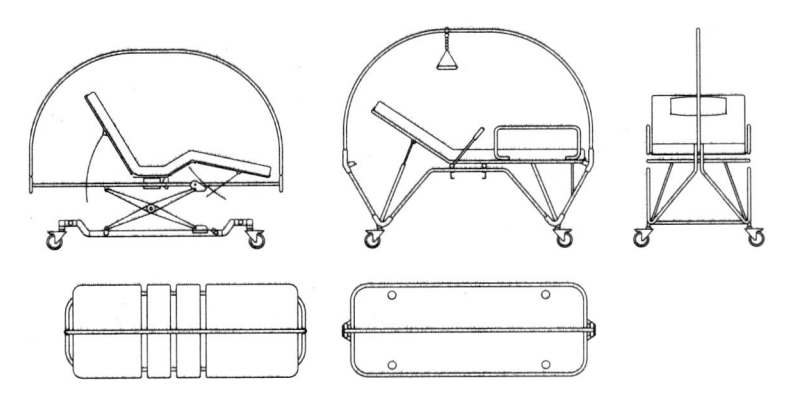

Camas-maca projetadas por João Filgueiras Lima.

Redesenho de André Marques

circulares e retangulares, sendo que alguns deles contam com a participação de Athos Bulcão. Todos esses objetos são trabalhados tal como um projeto de arquitetura:

AS FÔRMAS SÃO DETALHADAS DE ACORDO COM
OS ESFORÇOS ESTRUTURAIS E AS DIMENSÕES
DE ACORDO COM A ECONOMIA DE INSUMOS,
SEMPRE COM LIBERDADE CRIATIVA E
PROPORÇÕES ESTÉTICAS.

Os bancos desenhados em argamassa armada são exemplos da preocupação de Lelé com a ergonomia, construção e forma. Os primeiros assentos coletivos apresentavam algumas características por ele trabalhadas ao longo de sua trajetória.

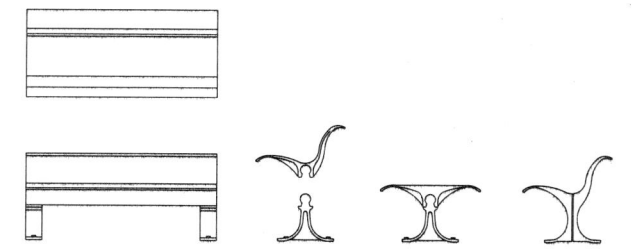

Bancos em argamassar armada projetados por João Filgueiras Lima.
Redesenho de André Marques

O banco simples – sem encosto – é constituído por uma laje de concreto com viga central tubulada, parcialmente secionada nos extremos para fixação dos pés por simples encaixe. Solução que posteriormente foi substituída pelo uso da argamassa armada.

O banco com encosto tem desenho muito semelhante aos velhos bancos de jardim com estrutura de ferro fundido e assento de madeira. Apesar da semelhança, Lelé explica que sua forma é muito adequada à tecnologia da argamassa armada. Banco e encosto são fundidos em uma única peça. As superfícies têm apenas 18 milímetros de espessura e são estruturadas por nervuras que se engastam em uma viga longitudinal tubular. Esta

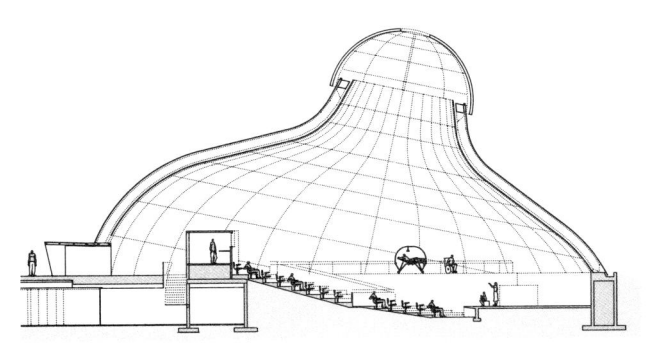

Hospital Sarah Rio, corte do auditório, Rio de Janeiro RJ. João Filgueiras Lima, 2009. Redesenho de André Marques

viga, por sua vez, permite encaixe nos extremos para a fixação dos apoios. Posteriormente, Lelé substituiu esta solução – mas ainda mantendo a forma – para uma mais simples usando apenas dois perfis: encosto e assento, o que permite o escoamento mais rápido da água pluvial.

Importante também notar os detalhes invisíveis dentro de uma obra arquitetônica. Lelé desenha com refinado apuro as vigas, marquises e coberturas. Cada componente é tratado de forma especial. Tal posição de desenhista industrial vem ao encontro das preocupações – discutidas anteriormente – do controle absoluto sobre a obra. Impossível imaginar um projeto de Lelé no qual ele não desenhe cada detalhe, cada objeto, ou o programa exigido para sua função plena.

NOTAS

1. STEVENS, Garry. *O circulo privilegiado. Fundamentos sociais da distinção arquitetônica.*

2. BRUNA, Paulo Júlio Valentino. *Arquitetura, industrialização e desenvolvimento*, p. 96.

3. Depoimento de João Filgueiras Lima. In GUIMARAENS, Céça de; et al. Op. cit., p. 220.

4. Idem, ibidem, p. 222.

5. Idem, ibidem, p. 231.

6. Idem, ibidem p. 242.

7. Idem, ibidem, p. 243.

8. Idem, ibidem, p. 244.

9. Idem, ibidem, p. 243.

10. LIMA, João Filgueiras. Depoimento Entre (op. cit.).

11. GUIMARAENS, Cêça de; et al. Op. cit., p. 245.

12. COSTA, Lúcio. *Lúcio Costa: registro de uma vivência*, p. 90-99.

13. Sobre as interpretação teórica e histórica da Vila Monlevade, ver: ESPALLARGAS GIMENES, Luis. Pós-modernismo, arquitetura e tropicália, p. 35-62; GUERRA, Abilio. *Lúcio Costa – modernidade e tradição. Montagem discursiva da arquitetura moderna brasileira*, p. 21-28.

14. ZEIN, Ruth Verde. *A arquitetura da escola paulista brutalista 1953-1973*, 236.

15. Idem, ibidem, p. 230.

16. Sobre a obra do Grupo Arquitetura Nova, ver: KOURY, Ana Paula. Op. cit.

17. Idem, ibidem.

18. VILLAC, Maria Isabel. *Mendes da Rocha*, p. 76.

19. Sobre a Construtora ITA, ver: AFLALO, Marcelo (Org.). *Madeira como estrutura. A historia da ITA*.

20. Memorial descritivo da obra, acervo do arquiteto. Disponivel in <www.marcosacayaba.arq.br/lista.projeto.chain?id=18>.

21. ROGERS, Richard. *Cidades para um pequeno planeta*, p. 97.

22. QUIROGA, Fernando Agrasar. Del tipo a la idea. Herramientas teóricas del proyecto arquitectónico moderno y contemporáneo.

23. PROUVÉ, Jean. In LAVALOU, Armelle (Org.). Op. cit., p. 46.

24. Idem, ibidem, p. 68.

25. Contextura (ês). S.f. Ligação entre as partes de um todo; encadeamento; contexto. Dicionário Aurélio.

26. PROUVÉ, Jean. In LAVALOU, Armelle (Org.). Op. cit., p. 69.

27. Idem, ibidem, p. 94.

28. Idem, ibidem, p. 54.

29. BRUNA, Paulo Júlio Valentino. Op. cit., p. 52-53.

30. SAFDIE, Moshe. Além do Habitat (op. cit.), p. 51.

31. PROUVÉ, Jean. In LAVALOU, Armelle (Org.). Op. cit., p. 39.

32. LIMA, João Filgueiras. Depoimento Entre (op. cit.).

33. PROUVÉ, Jean. In LAVALOU, Armelle (Org.). Op. cit., p. 40.

34. Idem, ibidem.

35. Idem, ibidem, p. 47.

36. SIMÕES, Bené. A serviço do bem e do mal: entrevista com João Filgueiras Lima, p. 21.

37. AMADO, Antonio. *Voiture Minimum: Le Corbusier and the Automobile*, p. 60.

38. BUCHANAN, Peter. *Renzo Piano Building Workshop: Complete Works – Volume One*, p. 65.

ARQUITETURA E MEIO AMBIENTE

CONVERSANDO COM RICHARD NEUTRA

Hospital Sarah Lago Norte, Brasilia DF. João Filgueiras Lima, 1995.

Foto Nelson Kon

ESTRATÉGIAS BIOCLIMÁTICAS

Durante seus mais de cinquenta anos de profissão, desde as primeiras obras em Brasília até os últimos projetos – como o Hospital Sarah no Rio de Janeiro –, Lelé vem reavaliando sua produção arquitetônica, o que resulta em uma contínua evolução de seu trabalho. Em diversos aspectos, as primeiras obras construídas não foram tão eficientes quando comparadas às últimas, mas apresentavam algumas características semelhantes, caso das aberturas zenitais para iluminação e ventilação.

Além da constante busca de soluções adequadas ao meio, é natural o arquiteto absorver, principalmente no início de sua carreira, experiências de grandes mestres da arquitetura, em especial estrangeiros, conforme já vimos antes.

As estratégias bioclimáticas fazem parte de um conhecimento ancestral, mas são poucos os arquitetos que se utilizam dessa sabedoria com rigor e eficiência. Lelé vem, de forma crescente e através da constante experimentação construtiva e observação de obras alheias, se apropriando desse conhecimento para a criação de seus projetos, experimentando soluções arquitetônicas passivas – ou a mais passiva possível – voltadas para a resolução de problemas climáticos que resultem em um baixo consumo energético.

O homem procura, há milhares de anos, a melhor forma de trabalhar sua relação com o clima e, assim, vem criando diversas soluções para o problema. Podemos notar certas preocupações semelhantes com a ventilação em ocas da tribo Yawalapiti e na Maloca Makuna, que apresentam, na cobertura, alguns tipos de sheds. Outra solução climática relevante em tribos indígenas brasileiras é a casa-aldeia Yanomami, com seu enorme pátio com 21 metros de diâmetro e cobertura em troco de cone, o que permite a existência de uma abertura de cerca de 5 metros de diâmetro. A ocupação da casa se dá nos espaços de periferia, enquanto o centro funciona como pátio comum.[1]

Climas quente e seco ou quente e úmido são comuns no Centro-Oeste, Norte e Nordeste brasileiros. Stefan e Sophia Behling levantam inúmeras soluções adotadas historicamente para climas tropicais:

A selva é um entorno perfeito para a vida vegetal. Sem proteção para os seres humanos não é fácil aguentar a combinação de calor e umidade, sendo que o sistema de refrigeração do corpo humano depende da evaporação que está sobrecarregado. Necessitamos, portanto, de uma ventilação eficaz e uma proteção contra o sol e a chuva. Paredes, solos e coberturas devem secar rapidamente.[2]

E semidesérticos:

Como nos climas desérticos, unicamente se pode praticar
agricultura em terrenos regados artificialmente. E as
construções se fecham em si mesmas e se defendem assim
do clima adverso. Esta zona climática depende da sombra e
frescor, assim como proteção contra as tempestades de areias.[3]

No clima quente e úmido, é necessário criar grandes
coberturas ventiladas, para evitar o ganho térmico provindo do
isolamento das fachadas, bem como garantir a ventilação cruzada nos ambientes.

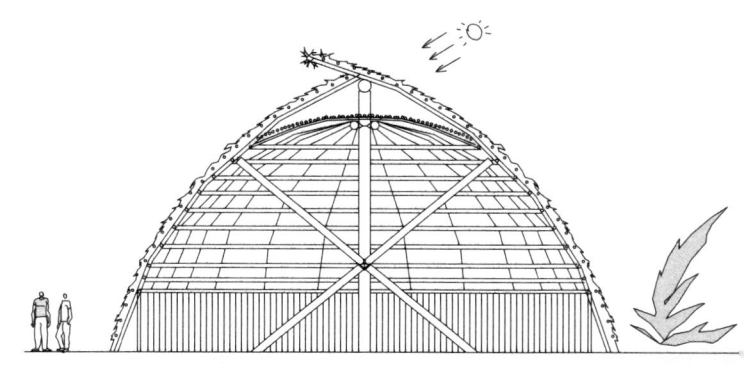

Oca Xinguana, corte transversal. Redesenho de André Marques

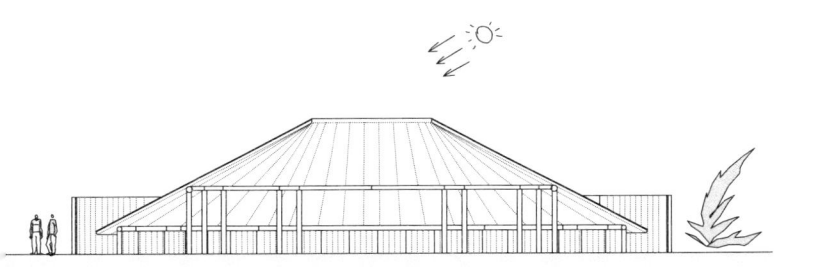

Oca Yanomami, corte. Redesenho de André Marques

Já no clima quente e seco, as grandes coberturas são indicadas, mas sem ventilação cruzada, pois o ar está carregado de partículas e, portanto, é necessária a utilização de pátios internos para criação de microclimas controlados e captadores de ventos, que conduzam o ar em dutos com fontes da água para derrubar a poeira e baixar a temperatura. Essas soluções citadas foram de grande importância no repertório de Lelé. Podemos notar cada uma delas em suas obras.

Um exemplo. No Hospital Sarah Kubitschek de Fortaleza (1991), o arquiteto propõe túneis técnicos para captação dos ventos e, na entrada, espelhos d'água com chafariz como recurso para baixar a temperatura e poeira do ar. As coberturas, sistematicamente trabalhadas, evidenciam essa preocupação em relação aos dois climas citados. É possível, portanto, concluir que Lelé busca as soluções ambientais para suas obras tanto na natureza quanto nos exemplos do passado.

Da mesma forma, Norman Foster, que se diz um tradicionalista, também busca na história arquiteturas que possam lhe servir de inspiração, mas sem jamais copiar as formas do passado.

Talvez eu seja um tradicionalista. Quero aprender com a história, exatamente como quero aprender com outras culturas ou com a natureza. Não sei o que há de errado nisso; embora eu não pensasse em simplesmente copiar as formas do passado. Por que deveria fazer isso? As épocas anteriores não fizeram – elas sempre procuraram o estilo certo para seu tempo.[4]

Ao se ver diante do desafio de projetar a cidade de Masdar (2007-2014) – para noventa mil habitantes – no deserto de Abu Dhabi, Foster estudou as cidades tradicionais no Oriente Médio. Como nessas regiões a temperatura pode chegar a 67 graus Celsius, o arquiteto se utiliza de recursos antigos, como ruas estreitas e pátios internos, que auxiliam a reduzir a temperatura para pouco menos de cinquenta graus Celsius. Tal como Lelé, o projeto de Foster propõe a utilização de torres de vento e água para a refrigeração natural dos ambientes, diminuindo assim o calor e filtrando a poeira e areia do ar.

FASES DA CARREIRA
DE JOÃO FILGUEIRAS LIMA

A experiência profissional de Lelé pode ser dividida em duas fases. A primeira é marcada pelas grandes estruturas pré-fabricadas de concreto armado. E, a segunda, após a experiência na fábrica da companhia de Renovação Urbana de Salvador – Renurb (1978), quando começa a trabalhar sistematicamente com a argamassa armada. Este segundo momento tem como característica fundamental a produção em série, seja em pequenos componentes para uma mesma

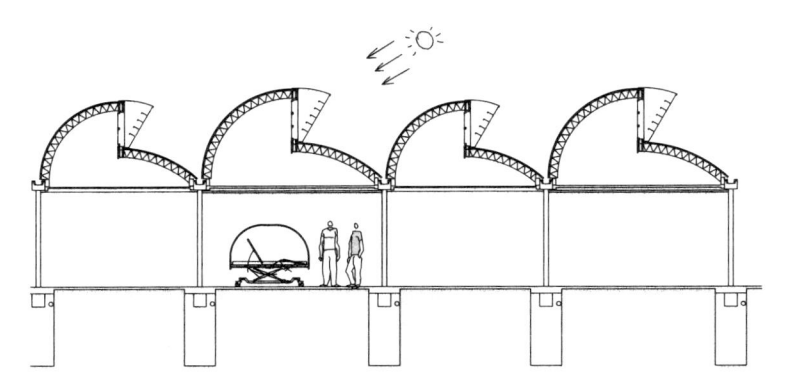

Hospital Sarah Fortaleza, corte, Fortaleza CE. João Filgueiras Lima, 1991. Redesenho de André Marques

edificação ou para repetição da mesma tipologia em diversos terrenos.

Fazendo uma análise através dos cortes de algumas obras da segunda fase (construções industrializadas), podemos perceber as alterações das soluções empregadas e a sua transformação ao longo do tempo. Em primeiro lugar, a Escola Transitória Rural de Abadiânia, com a cobertura plana em argamassa armada e os pequenos sheds. Já na Creche Mais (1987), preocupado com a economia de materiais, Lelé emprega uma solução muito elegante de cascas que criam coberturas em abóbadas, lembrando em muito aquelas do arquiteto uruguaio Eladio Dieste.[5] Tal solução apresenta uma grande qualidade construtiva – considerando que, em vãos maiores, a curva é uma boa opção –, pois sua forma trabalha melhor as forças em compressão, evitando o cisalhamento e reduzindo a espessura da cobertura. Apesar dessas vantagens, a solução foi pouco utilizada por Lelé, já que o uso do aço abriu novos caminhos em sua obra. Somente após a criação do Instituto Brasileiro do Habitat, no entanto, é que o arquiteto retoma o uso das coberturas em abóbadas.

No inicio dos anos 1990, Lelé monta uma fábrica para a construção dos hospitais, o Centro de Tecnologia da Rede Sarah – CTRS, a partir da qual surgem mudanças nos aspectos construtivos adotados. Exemplo disso é a unidade do hospital em Salvador que, nos desenhos de estudos, adotava uma solução em argamassa armada (muito semelhante àquela usada no Hospital Psiquiátrico de Taguatinga). No entanto, com o fim da Fábrica de Cidades de Salvador – Faec, a produção destas peças ficou difícil, obrigando Lelé a propor uma cobertura em aço. No mesmo período, projeta e constrói o Hospital Sarah Fortaleza (1991), também com a utilização do CTRS e para o qual propõe um sistema de cobertura semelhante ao hospital de Salvador. No corte do hospital de Fortaleza, é possível identificar a presença das galerias de tubulações subterrâneas.

Tal como no hospital de Salvador, galerias de tubulações foram utilizadas como dutos de ventilação para a maioria dos ambientes situados no pavimento térreo. O ar fresco é captado por aberturas localizadas no nível da superfície de um lago disposto ao longo do edifício. Na frente de cada abertura, nebulizadores sobre o lago auxiliam na purificação e no rebaixamento da temperatura do ar que é introduzido nas galerias.[6]

As coberturas ondulares em aço tiveram seus desenhos por diversas vezes modificados. Em cada construção, suas formas ficaram gradativamente maiores e mais aerodinâmicas. É possível dizer que se tornaram uma marca na obra de Lelé; mas não como um carimbo repetitivo, apenas como um processo de serialização inerente à produção industrial. As formas e funções desta coberturas são diferentes, sendo projetadas, em alguns casos, apenas para iluminação ou, em outros, para ventilação. Podem também apresentar duas características distintas: a de captadores dos ventos; ou a de sucção do ar interno, quando implantadas no sentido oposto, a mesma solução usada por Norman Foster para a cidade de Masdar.

No Centro de Reabilitação Infantil do Rio de Janeiro, localizado na Ilha Pombeba, podemos notar que o shed possui

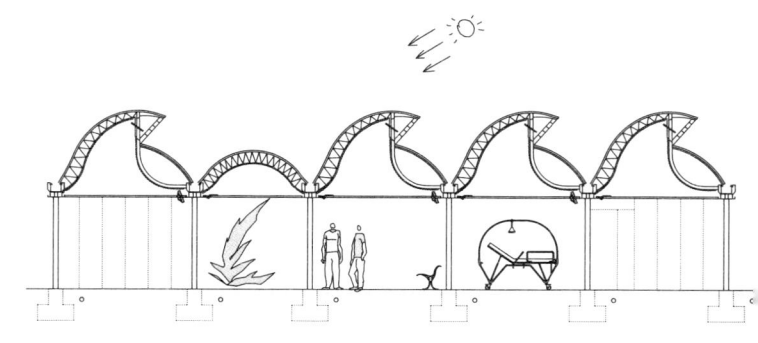

Centro de Reabilitação Infantil da Rede Sarah, corte, Rio de Janeiro RJ. João Filgueiras Lima, 2003-2004. Redesenho de André Marques

espaço para um sistema de ar condicionado. Sua forma se torna ainda mais aerodinâmica, auxiliando o efeito de sucção do ar interno.

Já no último hospital da rede Sarah Kubitschek que projetou, também no Rio de Janeiro, utiliza sistemas de automação para a ventilação. Nesta obra, toda a cobertura é ventilada sem o auxílio de dutos técnicos, mas sim com um piso técnico que permite maior flexibilidade ao edifício. Neste caso, os sheds tomam uma proporção surpreendente, atingindo dimensões maiores do que um pavimento. Este edifício permite que a climatização seja tanto passiva quanto ativa. Ou seja, quando a temperatura da capital carioca se aproxima dos quarenta graus Celsius, o edifício se fecha para então trabalhar com o sistema de ar condicionado.

RECORRÊNCIA E APERFEIÇOAMENTO

Na Escola Transitória de Abadiânia (1982-1984), no interior de Goiás, Lelé projeta pequenos sheds para ventilação e iluminação naturais – já que os enormes beirais, que protegem a fachada da insolação, prejudicam a entrada da luz solar. Nesta obra, já é possível notar que a solução adotada não foi suficiente, tampouco adequada. Como também foram criadas aberturas laterais nas faces opostas do edifício, a ventilação tende a ser cruzada e a não passar pelos sheds, que acabam por funcionar apenas quando estas janelas estão fechadas. Nesse caso, o ar entra pelas frestas e sai pelo shed. Para que a ventilação através dos sheds funcionasse, seria necessário evitar ventilação cruzada – o que de fato não é interessante para o clima quente e seco de Goiás – e aumentar a abertura da saída de ar.

A ANÁLISE DA ESCOLA CRECHE DE RIBEIRÃO PRETO (2003), PROJETADA VINTE ANOS APÓS A ESCOLA DE ABADIÂNIA, EVIDENCIA A REVISÃO DAS ESTRATÉGIAS BIOCLIMÁTICAS NA OBRA DE LELÉ.

Aqui, acontece aquilo que o arquiteto gosta de chamar de *recorrência*: ou seja, o mesmo tema desenvolvido em uma região de clima idêntico (quente e seco), apesar da diferença de latitude.

Ainda que similares, nota-se diferenças em ambas as soluções. No caso de Ribeirão Preto, os sheds maiores e equipados com mecanismos que podem abrir e fechar, garantem maior controle da passagem do ar. Lembrando que, em climas secos, a amplitude térmica ao longo do dia é grande, chegando a variações superiores a doze graus Celsius. Assim,

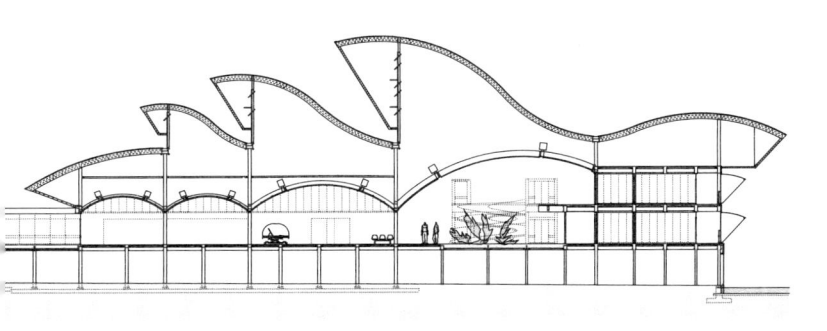

Hospital Sarah Rio de Janeiro, corte, Rio de Janeiro RJ. João Filgueiras Lima, 2009. Redesenho de André Marques

os usuários, durante o dia quando a temperatura é mais elevada, dispõem da ventilação natural e, quando escurece e a temperatura cai, é possível eliminar a ventilação-chaminé e controlar a temperatura interna.

Outra característica das obras de Lelé que sofreu modificações está presente nas aberturas laterais articuladas, as chamadas portas pivotantes. Em Abadiânia, tais aberturas são conformadas por portas de madeiras, grandes e independentes, que precisam ser abertas ou fechadas manualmente. Já em Ribeirão Preto, são usadas portas metálicas interligadas, como lâminas de *dampers*, adequadas aos sistemas de ar condicionado para controle de vazão dentro dos dutos.

O NATURAL E O ESPAÇO CONSTRUÍDO

Uma característica dominante na obra de Lelé é a relação intima do edifício com a natureza. Tudo se abre francamente para a paisagem por meio de estratégias de projeto que visam amenizar os impactos e conflitos do convívio entre homem e natureza. Desde a compreensão dos quebra-sóis e das paredes ventiladas até a iluminação zenital, que são formas de trazer a natureza para dentro da arquitetura.

A cobertura – ou a quinta fachada – desenhada por Lelé é a maior expressão deste desejo de equilíbrio entre a arquitetura e o território, podendo ser temporária ou permanente, mas sempre respeitando e fazendo uso dos benefícios disponíveis. O território, para ele, é fonte de energia da qual se pode tirar o sustento e o equilíbrio. Tal reflexão, apesar de parecer uma estratégia militar de quem procura um território para ali montar seu acampamento – sentido do vento, coordenadas geográficas, altitude e orientação solar –, não é casual. Afinal, Lelé se formou em uma escola militar do Rio de Janeiro.

RICHARD NEUTRA E O BRASIL

Outro arquiteto que demonstra esse respeito é Richard Neutra (1892-1970). Em 1948, publica no Brasil o livro *Arquitetura social em países de clima quente*, no qual conta sua experiência em Porto Rico (1943-1945), onde projetou e construiu edifícios de cunho social: escolas rurais e urbanas, centros de saúde e hospitais. Sua relação com o Brasil, e com a América Latina de maneira geral, é extensa: após a viagem inicial de 1945 – onde percorreu a América do Sul sob os auspícios do Departamento de Estado norte-americano[7] –, Neutra visitou o Brasil em 1957, 1958 e 1959, neste último caso para participar do Congresso Internacional Extraordinário de Críticos de Arte, realizado em São Paulo, Rio de Janeiro e Brasília.[8]

Nascido em 8 de abril de 1892, Neutra estudou arquitetura na Universidade Técnica de Viena, formando-se em 1918 e onde foi aluno de Otto Wagner. Neste período, teve seu primeiro contato com as obras de Frank Lloyd Wright através do Portfólio Wasmuth, onde foi publicado o conjunto das primeiras dez obras do arquiteto (período das conhecidas Praire Houses). Em 1923, logo após a Primeira Guerra Mundial e após se casar com Dione Niedermann, emigra para os Estados Unidos, muito influenciado por Adolf Loos e Rudolph Schindler, bem como

ARQUITETURA E MEIO AMBIENTE:

ANDRÉ MARQUES

CONVERSANDO COM RICHARD NEUTRA _____

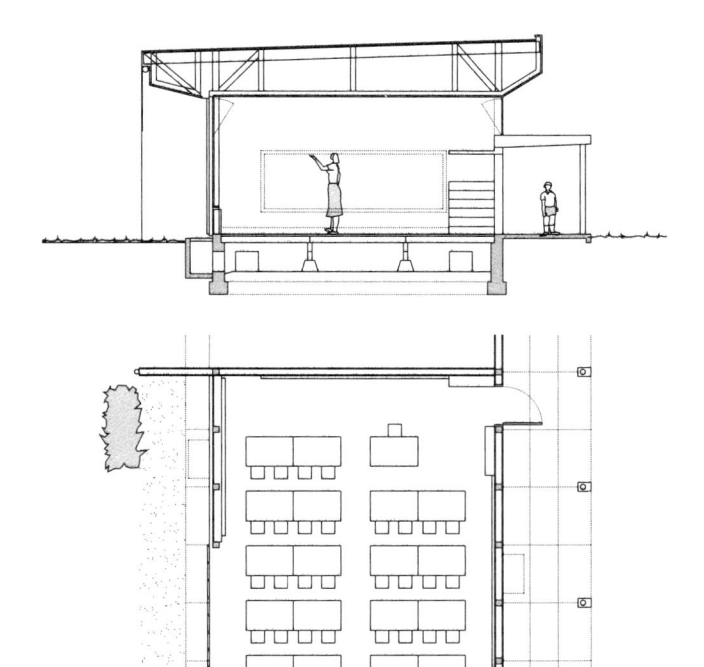

Escola Corona, corte e planta, Bell, Estados Unidos. Richard Neutra,

1935. Redesenho de André Marques

pelo desejo de conhecer Wright. E foi no ano seguinte, durante o enterro de Louis Sullivan, que Neutra conhece pessoalmente o autor das casas que tanto admirava e, pouco tempo depois, recebe o convite para trabalhar em seu ateliê. Após um curto período de quatro meses na Taliesin, se muda definitivamente para Los Angeles, onde se concentra grande parte de sua obra. Assim, em 1925, começa a trabalhar em projetos próprios e outros associado a Schindler.[9]

Mas é seu trabalho junto ao governo de Porto Rico, como consultor do Comitê de Obras Públicas, que o aproximou dos problemas das cidades latino-americanas. Este trabalho culminou com o já citado livro *Arquitetura social* que, por sua vez, causou grande impacto arquitetura brasileira,[10] até mesmo nos maiores expoentes.

LELÉ, POR EXEMPLO, FALA DA IMPORTÂNCIA DE NEUTRA NA SUA FORMAÇÃO E DA PROXIMIDADE QUE TEM SUA OBRA COM A DO ARQUITETO AUSTRÍACO.

Além disso, diferencia Neutra de outros notáveis precedentes como Mies e Corbusier.

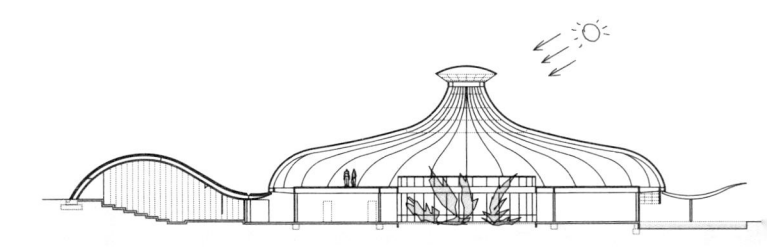

Memorial Darcy Ribeiro, corte, Brasília DF. João Filgueiras Lima, 2010.
Redesenho de André Marques

Internacionalmente, é claro que Le Corbusier era uma
influência forte. Depois, Mies van der Rohe. Nesse período
já se questionava muito aquelas linhas, havia três muito
diferentes: Mies van der Rohe propunha a industrialização
por meio da construção em aço; Le Corbusier, embora
tivesse um discurso da industrialização, realizara uma
obra em concreto; e tinha ainda Richard Neutra, com uma
proposta muito requintada em termos de acabamento, mista
de aço e concreto. Usava estrutura metálica também, como
eu.[11]

Lelé trata com cautela questões de influência na arquitetura. Muitas obras importantes são construídas no hemis-
fério Norte e suas soluções podem não funcionar em clima

tropical.[12] As questões climáticas são particulares para cada região do globo terrestre e as estratégias projetuais devem estar de acordo com as especificidades de cada clima. Quando observamos o uso dos sheds na obra de Lelé, podemos notar a diferença da estratégia utilizada por ele em relação ao finlandês Alvar Aalto. Os sheds de Aalto são somente para iluminação. Já os empregados por Lelé fazem parte de um sistema de ventilação juntamente com a iluminação filtrada, evitando assim ganhos térmicos pela radiação solar. Isso acontece pela diferença entre o clima predominante frio da Finlândia e o clima tropical brasileiro. Lelé ressalta a importância da cultura do Brasil como um fator a ser valorizado.

Ao observarmos mais de perto suas obras, não é difícil notar as lições deixadas por Neutra. O arquiteto austríaco também fez um alerta em relação às áreas rurais e subúrbios:

Atualmente, a força política das zonas rurais, nos campos ou nas montanhas, tende a aumentar e assim será necessário dar mais atenção a essas regiões, provendo-as de acordo com suas necessidades físicas e espirituais para o que deverá contribuir o planejamento cuidadoso de todos os melhoramentos.[13]

Importante notar a preocupação de Neutra com regiões ainda não urbanizadas, muitas vezes esquecidas pelo poder público. Tal preocupação aproxima Neutra da realidade brasileira, que possui boa parte do seu território em zonas rurais ou periferias não urbanizadas. E Lelé tem sua atuação justamente nessas áreas periféricas e/ou rurais, construindo aí escolas, postos de saúde e hospitais. A pré-fabricação permitiu que essas obras fossem executadas, graças ao uso de componentes leves que podiam ser transportados por caminhões pequenos, diminuindo sensivelmente o custo do frete.

ESCOLAS RURAIS

Podemos dizer que a grande maioria das obras de João Filgueiras Lima – com algumas exceções, é claro – concentra-se em áreas periféricas. Os equipamentos comunitários projetados por Lelé estão à serviço da urbanização de favelas e zonas abandonadas dos grandes centros urbanos, como Salvador e Rio de Janeiro.

MAS ESSE DIÁLOGO ENTRE NEUTRA E LELÉ FICA AINDA MAIS CLARO QUANDO OLHAMOS A PROPOSTA DA ESCOLA RURAL DE ABADIÂNIA.

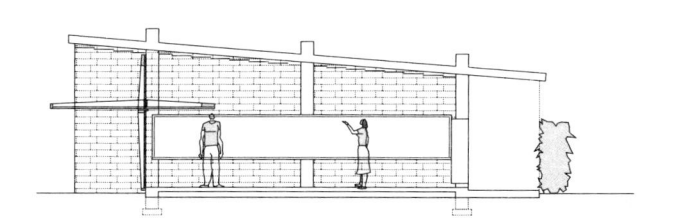

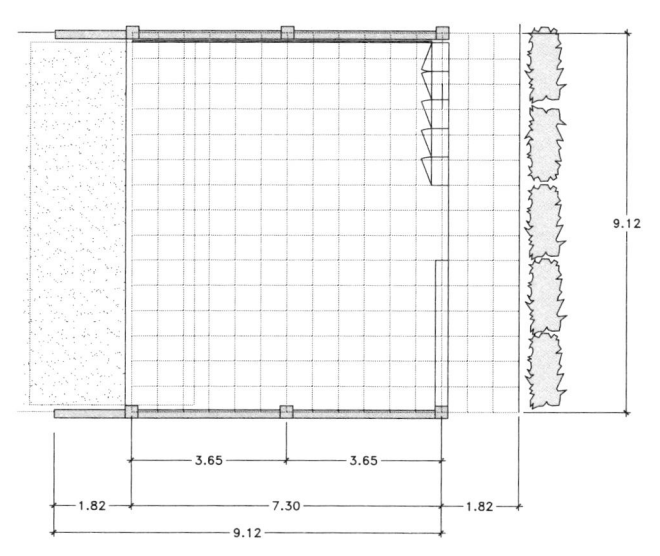

Escola rural, corte e planta, Porto Rico. Richard Neutra, 1943-1945.

Redesenho de André Marques

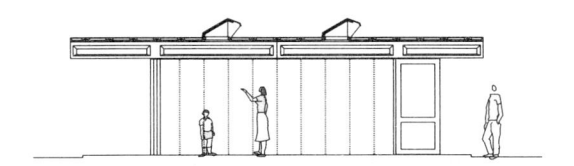

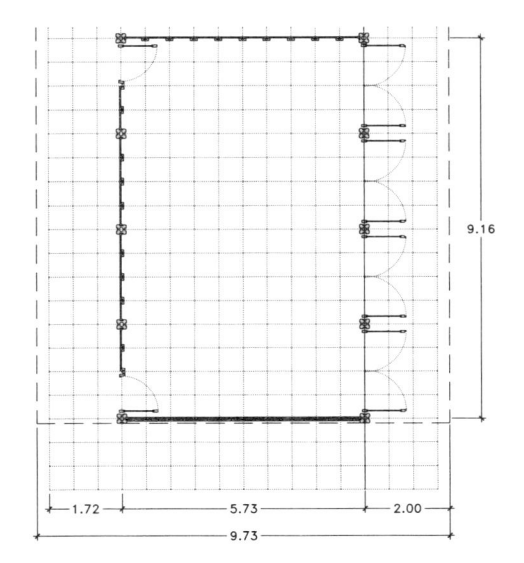

Escola Transitória de Abadiânia, corte e planta, Abadiânia GO.

João Filgueiras Lima, 1982-1984. Redesenho de André Marques

Neste caso, Lelé buscou o entendimento das necessidades físicas, sociais e econômicas do local. A escola previa uma transitoriedade em razão da inconstância dos assentamentos; e as salas de aulas eram dividas por lousas-biombos, permitindo a flexibilidade das turmas. Muitas destas questões trabalhadas por Lelé estão presentes também nos projetos escolares de Neutra.

As escolas de Neutra previam aberturas laterais com grandes portas horizontais basculantes – porta que gira no eixo de um pivô horizontal –, sem o uso de vidro, protegidas por enormes beirais. Estas portas permitiam a integração das salas de aulas com os jardins externos, tornando-as mais ventiladas. Mesmo recurso espacial utilizado por Lelé em suas escolas, com a única diferença de que as portas pivotantes horizontais foram substituídas por verticais. No artigo "Por uma arquitetura social: a influência de Richard Neutra em prédios escolares no Brasil", Claudia Loureiro e Luiz Amorin identificam a importância do livro *Arquitetura social* e das estratégias por ele desenvolvidas para as escolas. A partir da análise do Instituto de Educação de Pernambuco, projetado por Marcos Domingues da Silva e Carlos Falcão Correia Lima em 1956, os autores apontam o uso pioneiro, no Brasil, dos pátios integrados tal como Neutra sugeriu.

Os autores confirmam a importância do livro na
fundamentação do esquema vencedor, da interpretação
do problema à solução do conjunto. É no bloco destinado
ao jardim de infância, no entanto, onde residem mais
claramente as referências aos preceitos expressos no
livro, inclusive com a introdução pioneira de salas de
aula que se prolongam para um pátio exterior, através de
portas pivotantes que se abrem horizontalmente,[14] como
recomendado por Neutra.[15]

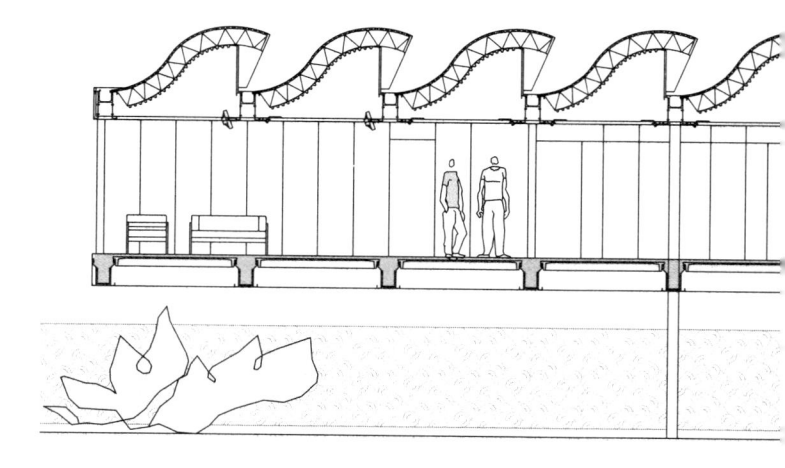

TCU Salvador, painel de Athos Bulcão, Salvador BA. João Filgueiras
Lima, 1995. Redesenho de André Marques

A solução das salas de aula conectadas diretamente com os pátios foi também utilizada por outro arquiteto muito respeitado por Lelé. Em depoimento a Cynara Menezes, conta sobre a admiração que tem pela obra do dinamarquês Arne Jacobsen e que esteve três vezes na Dinamarca. Jacobsen projetou para Escola Munkegaard (1952-1956), em Gentofte, pátios fechados para cada sala de aula e cobriu-os com sheds. Aqui, os sheds funcionam como aberturas zenitais para iluminação do interior e os pátios são fechados para proteger os alunos dos ventos gelados. Na obra de Lelé, no entanto, tal estratégia projetual terá outro caráter.

OS PÁTIOS SÃO ABERTOS E ARBORIZADOS, PERMITINDO AO USUÁRIO O CONTATO PRÓXIMO COM A NATUREZA; O MESMO ACONTECE COM OS SHEDS, QUE PERMITEM A PERCEPÇÃO DO CIRCUITO DO SOL DURANTE O DIA.

JARDINS DE AMBIENTAÇÃO

A integração franca entre os espaços internos e externos foi utilizada por Lelé em inúmeros projetos, tornando-se parte dos conceitos básicos dos hospitais da Rede Sarah. No projeto da unidade de Brasília (1975-1980), o arquiteto explora as possibilidades de jardins de ambientação integrados às áreas de internação e tratamento, localizados sobre terraços nas coberturas dos respectivos pavimentos inferiores. Estes jardins permitem técnicas de tratamento ao ar livre, parte dos preceitos da Rede Sarah estabelecidos por seus idealizadores: Lelé, Aloysio Campos da Paz Júnior e Eduardo de Mello Kertész.

O médico Aloysio Campos, cirurgião chefe da Rede Sarah, descreve tais ideais, que surgiram no final dos anos 1960 em conversas com seu amigo Lelé.

Nas noitadas de sábados conversávamos. Por que o Hospital Distrital é vertical, vidro e concreto, que acumula doentes como objetos em prateleiras, de resto um hospital americano? Os hospitais ingleses são todos horizontais, grandes enfermarias que se abrem para pátios, para onde as camas com doentes nas trações e toda a parafernália médica são levados nos raros momentos de sol de uma Inglaterra cinza! Porque não aproveitar aquilo que tínhamos de melhor? O sol, a luz e, principalmente, a bela visão horizontal de uma Brasília que nos emocionava a cada pôr do sol? Muito dessas conversas

se concretizaram na primeira experiência: Hospital de
Taguatinga, com seus terraços, em uma colina escolhida para
tal. Entretanto, os tempos difíceis fizeram com que aqueles
que projetaram e construiram não tivessem o poder de regular
a ocupação. O primeiro passo, o Hospital de Taguatinga,
destruído por Macunaima![16]

De fato, os jardins propostos por Lelé no Hospital de
Taguatinga, no final dos anos 1960, carregavam o idealismo
da contracultura – conforme já foi comentado. Assim como no
Habitat 67, o hospital tem uma composição dinâmica de espaços abertos e fechados. Dinâmica essa que permite a criação
de espaços ajardinados para ambientação das áreas fechadas.
Nesse sentido, os jardins propostos por Neutra anos antes, no
final dos anos 1940, para escolas e hospitais se aproximam da
valorização da natureza e da contracultura do final dos anos
1960.

Podemos abordar a mesma discussão formal no Hospital
Sarah de Brasília, com suas lajes articuladas tal qual o Habitat 67. Essas cápsulas variáveis retomam o conceito de *plugue*
criado pelo grupo britânico Archigram. Este, com o projeto
conceitual do Plug-in-City (1964), resgata a ideia de espaços
servidos e servidores a partir do desenho de uma cidade que

funde suas megaestruturas. A solução foi levada adiante pelos metabolistas japoneses, com o emprego de estruturas que concentram todas as instalações, a fim de permitir uma enorme flexibilidade espacial e formal – lembrando Kisho Kurokawa e seu projeto para a torre de apartamentos em Tóquio (1972).[17] O melhor exemplo desta solução na obra de Lelé é a Prefeitura de Salvador, onde a circulação de pessoas ocorre no grande retângulo verde e as instalações correm na cobertura, no grande cilindro amarelo. O próprio uso das cores demostra como Lelé tira valor das questões técnicas na composição plástica.

Hospital Sarah Macapá, jardim de ambientação, Macapá AP.

João Filgueiras Lima, 2005. Redesenho de André Marques

NATUREZA = TECNOLOGIA

O compositor baiano Gilberto Gil, na canção *Quanta* do álbum homônimo de 1996, retrata a imagem de um veleiro navegando no mar: invento do homem, que se move a favor ou contra o vento. Na poesia de Gil, o vento é a arte do ar; uma *arte* representada na ciência pela mecânica dos fluidos – tema ao longo dos anos debatido por Arquimedes, Vitruvius, Leonardo da Vinci e Galileu Galilei, dentre outros mais modernos. O compositor

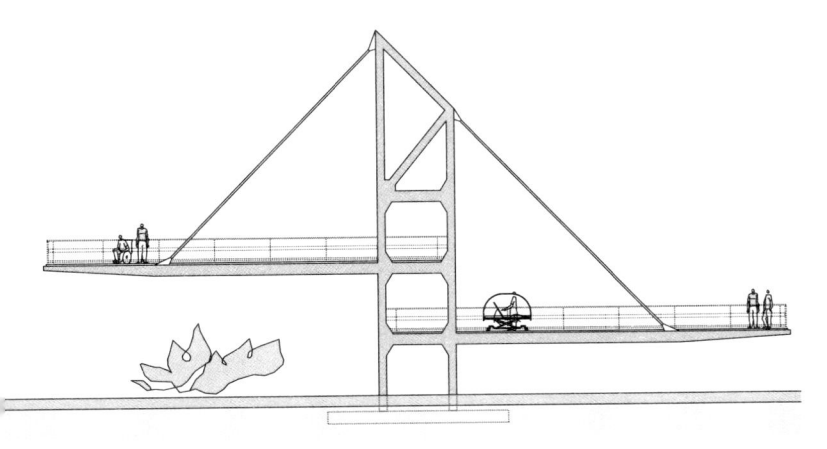

Hospital Sarah Rio de Janeiro, solário, Rio de Janeiro RJ. João Filgueiras Lima, 2009. Redesenho de André Marques

ARQUITETURA E MEIO AMBIENTE:

CONVERSANDO COM RICHARD NEUTRA

ANDRÉ MARQUES

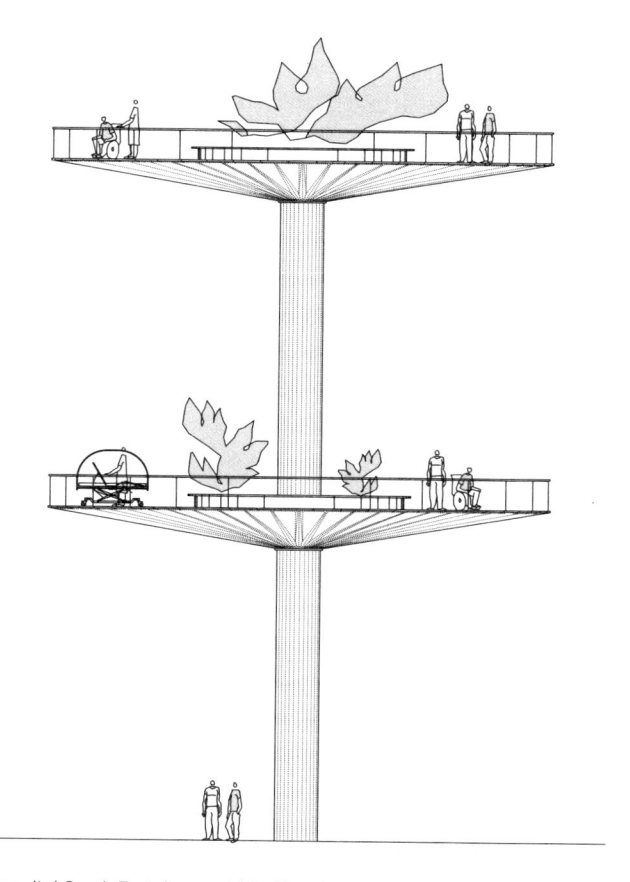

Hospital Sarah Fortaleza, solário, Fortaleza CE. João Filgueiras Lima,

1991. Redesenho de André Marques

define que a inspiração está apoiada no tripé *arte, descoberta* e *invenção*, lembrando que somente em seu estado de contemplação o homem é capaz de compreender e, assim, teorizar. Para ele, a arte é irmã da ciência; elementos indissociáveis e frutos de um universo ainda em descoberta.

Quando pensamos nas duplas conceituais ciência e arte ou tecnologia e natureza, parece que estamos falando de coisas antagônicas. No entanto, é possível encontrar tais questões convivendo em sua plenitude nas obras de João Filgueiras Lima. A observação da natureza é uma constante: não somos os únicos animais a construírem seu habitat na natureza; inúmeros tiram dela recursos para a construção de moradia e proteção. Lelé, em suas palestras e cursos de tecnologia, sempre ressalta a colmeia como a forma mais econômica encontrada pela abelha para construir seu habitat.[18]

Lúcio Costa – que Lelé define como "uma espécie de mentor"[19] – comenta em seu texto "Teoria das resultantes convergentes" que o desenvolvimento científico em nada se contrapõe à natureza.

O desenvolvimento científico e tecnológico não se contrapõe à natureza, de que é, na verdade, a face oculta – com todas as suas potencialidades virtuais revelada

através do intelecto do homem, vale dizer, através da própria
natureza no seu estado de lucidez e de consciência. O
homem é, então, o elo racional entre dois abismos, o micro
e macrocosmos, ambos fenômenos naturais, cujos produtos
elaborados são a contrapartida do fenômeno natural
palpável.[20]

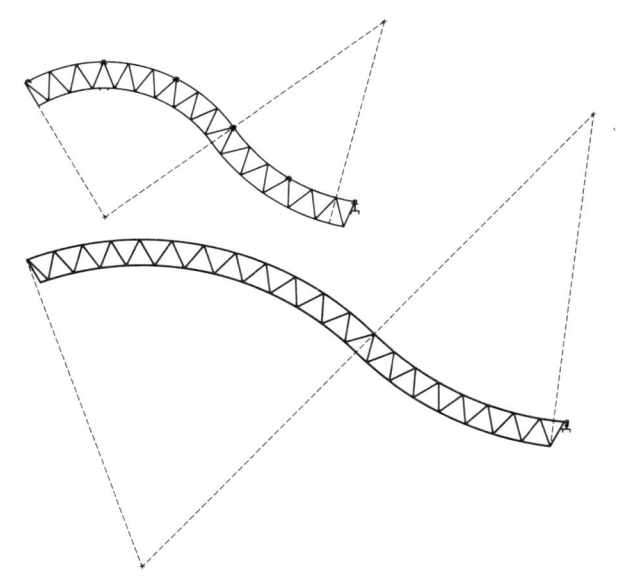

Esquema de construção geométrica das treliças metálicas dos sheds.
Redesenho de André Marques

Este pensamento de equilíbrio entre a tecnologia e a natureza é visível na obra do arquiteto: Lelé busca, com a tecnologia, os recursos disponíveis da natureza.

NATUREZA = ARTE

Pode-se levar o entendimento da natureza como formas de trabalho do homem, como sugere Lúcio Costa, mostrando que há sempre duas metades: o artesanato (natureza ao alcance da mão) e a tecnologia (natureza ao alcance do intelecto).

As duas metades da natureza:
Natureza ao alcance dos sentidos e do engenho – artesanato,
natureza ao alcance da mão: prevalece o sentimento
(predomínio das artes)
Natureza ao alcance da inteligência e da ciência – tecnologia,
natureza ao alcance do intelecto, prevalece o raciocínio
(predomínio das ciências).
Sempre coexistiram e continuarão a coexistir (questão de
dosagem).[21]

Em Lelé, a dosagem sugerida por Lúcio Costa é uma constante. Há um equilíbrio entre a tecnologia/ciência e o artesanato/arte. Este equilíbrio vem através da relação estreita com arquitetura e a natureza, a técnica e a arte e entre a função e a liberdade formal. A presença do trabalho do artista Athos Bulcão nos biombos, muros, paredes acústicas, paredes divisórias e mobiliários demonstra a importância que Lelé dá ao equilíbrio entre as duas metades da natureza. A "síntese das artes", tema do Congresso Internacional Extraordinário de Críticos de Arte, em setembro de 1959, está presente desde as primeiras obras de Lelé junto a Oscar Niemeyer.

NOS ÚLTIMOS ANOS, COM O FALECIMENTO DE ATHOS BULCÃO, LELÉ TORNA-SE O AUTOR TAMBÉM DAS OBRAS ARTÍSTICAS.

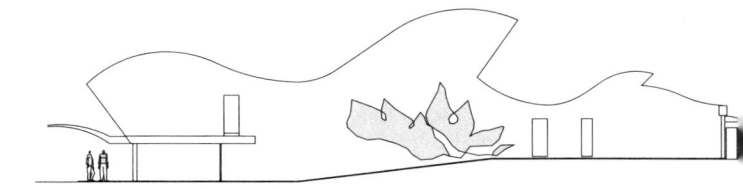

Sede do TCU, elevação, Cuiabá MT. João Filgueiras Lima, 1998.

Redesenho de André Marques

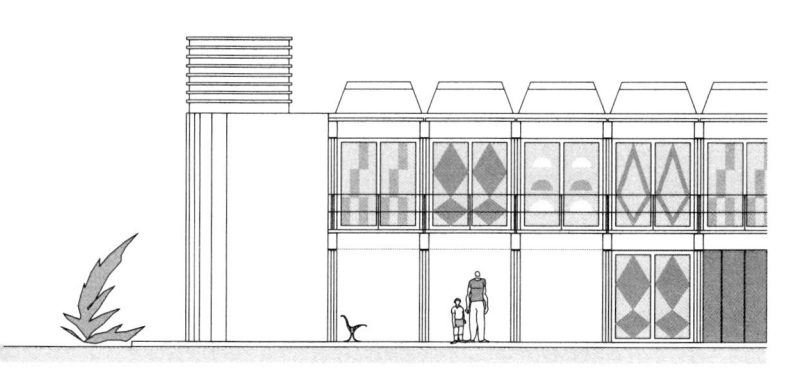

Escola Faec, elevação com painéis de Athos Bulcão, Salvador BA.
João Filgueiras Lima, 1988. Redesenho de André Marques

A integração plástica não pode ser dissociada da arquitetura, como um simples objeto decorativo; as obras artísticas agregam função ao espaço. Fato que transforma a síntese das artes tal qual a conhecíamos no passado moderno brasileiro. Sabemos da importância que tinham os painéis de Cândido Portinari, Roberto Burle Marx e Bulcão nos projetos de Oscar Niemeyer e de Rino Levi, mas, nas obras de Lelé, ganham outra dimensão.

Outros nomes importantes para a integração das artes nos espaços arquitetônicos de Lelé são as arquitetas paisagistas Alda Rabello Cunha e Beatriz Secco. Alda, esposa de

Lelé, acompanhou seu marido em diversas obras nos anos 1960, bem como nas obras de alguns hospitais da Rede Sarah. Estes, atualmente, tem os projetos desenvolvidos por Beatriz Secco.

Os jardins de ambientação são fundamentais na obra do arquiteto e, como a integração plástica, são indissociáveis do projeto arquitetônico. Estes componentes espaciais permitem o funcionamento ambiental como parte importante do controle climático dos edifícios. E a vegetação contribui para o equilíbrio climático ao auxiliar na proteção solar, controle da umidade do ar e barreira dos ventos.

A relação com espaço natural, aberto, ventilado e soalheiro, levou Lelé à própria "essência" – nas palavras do médico Aloyso Campos da Paz – do pensamento humanista na construção de espaços para o homem. Suas escolas e, nos últimos anos, seus hospitais, simples e espartanos, são construídos com apuro e excelência para todos os homens e, principalmente, para aqueles que mais precisam.

Com o tempo, o convivio e principalmente com uma abordagem profundamente humanista que sempre olhava para as necessidades do incapacitado fisico, Lelé tornou-se a própria essência, o extrato destilado, daquilo que, ao longo de gerações, a medicina tentou e quase nunca conseguiu fazer. Os hospitais de Lelé, ao contrário de espaços constrangedores de sofrimento, tornaram-se locais amenos, generosos, ricos em volumes e cores: a própria expressão e sentido da palavra *reabilitação*.[22]

Para Aloyso Campos da Paz, os hospitais desenhados por Lelé são referência para a arquitetura hospitalar mundial. Tal impacto fica ainda mais claro quando considerados os diversos prêmios internacionais recebidos por ele. Mas o projeto que mais chama atenção é o Hospital Sarah Fortaleza, muito similar ao hospital para crianças do arquiteto britânico Michael Hopkins. Com organização vertical dos usos, o Evelina Children's Hospital (1999-2005) possui um enorme átrio coberto por uma estrutura semicircular que conecta seus seis pavimentos e articula diversos programas. Além da permeabilidade do olhar, esse tipo de solução garante boa insolação em todos os níveis, inclusive no saguão de entrada. Suas características espaciais, formais e técnico-construtivas se assemelham ao hospital de Fortaleza, construído oito anos antes. A possível contribuição de Lelé ao espaço projetado pelo britânico fica ainda mais sugestiva nas palavras do próprio Aloyso Campos da Paz:

Quando um velho titular de ortopedia e reabilitação da mais antiga e tradicional universidade inglesa visitou os belos espaços horizontais do Sarah Salvador virou-se para mim e murmurou com olhos marejados: sempre sonhamos com isso! Hoje você me trouxe ao próximo século![23]

NOTAS

1. MONTEZUMA, Roberto (Org.). _Arquitetura Brasil 500 anos. Uma invenção recíproca_, p. 37-61.

2. BEHLING, Stefan; BEHLING, Sophia. _Sol Power. La evolución de la Arquitectura Sostenible_, p. 61.

3. Idem, ibidem, p. 65.

4. FOSTER, Norman; RAUTERBERG, Hanno. _Entrevistas com arquitetos_.

5. Da multiplicidade de suas obras de Eladio Dieste (1917-2000), engenheiro uruguaio, destaca-se o Mercado Ceasa de Porto Alegre, analisado no livro: COMAS, Carlos Eduardo; CANEZ, Anna Paula Moura; BOHRER, Glênio Vianna. _Arquiteturas cisplatinas. Roman Fresnedo Siri e Eladio Dieste em Porto Alegre_.

6. LIMA, João Filgueiras. _CTRS: Centro de Tecnologia da Rede Sarah_, p. 30.

7. Em sua pesquisa sobre o tema, Fernanda Critelli evidencia que Richard Neutra atuou como "mensageiro da boa vontade" durante a Política da Boa Vizinhança proposta pelo presidente Franklin Roosevelt

(1933-1945). Ver: CRITELLI, Fernanda. *Richard Neutra e o Brasil*; CRI-TELLI, Fernanda. *Richard Neutra: conexões latino-americanas*.

8. Sobre a relação de Richard Neutra com a América Latina, ver: CRI-TELLI, Fernanda. Op. cit. ETTINGER, Catherine R. *Richard Neutra en América Latina: Una Mirada desde el Sur.*

9. LAMPRECHT, Barbara. *Richard Neutra: Complete Works.*

10. LOUREIRO, Claudia; AMORIM, Luiz. Por uma arquitetura social: a influência de Richard Neutra em prédios escolares no Brasil; GUERRA, Abilio; CRITELLI, Fernanda. Richard Neutra e o Brasil.

11. LIMA, João Filgueiras. *O que é ser arquiteto* (op. cit.), p. 35.

12. Idem, ibidem, p. 94.

13. NEUTRA, Richard. *Arquitetura social em países de clima quente*, p. 38.

14. Richard Neutra usa a expressão *pivoted door* para descrever o tipo de fechamento das salas de aula nas escolas de Porto Rico, termo que se aplica indistintamente às portas que giram em torno dos eixos vertical ou horizontal. A expressão "porta pivotante que se abrem horizontalmente" usada por Loureiro e Amorim se legitima dentro desse contexto. Contudo, na definição de Eduardo Corona e Carlos Lemos presente no *Dicionário da arquitetura brasileira*, "pivotante" é o termo designado "para qualificar a janela que tem movimento giratório no sentido vertical", ou seja, "é a janela contrária da basculante". CORONA, Eduardo; LEMOS, Carlos. *Dicionário da arquitetura brasileira*, p. 376.

15. LOUREIRO, Claudia; AMORIM, Luiz. Op. cit.

16. PAZ, Aloysio Campos da. In LIMA, João Filgueiras. *CTRS: Centro de Tecnologia da Rede Sarah* (op. cit.), p. 6.

17. JENCKS, Charles. *Late-Modern Architecture and Other Essays*, p. 104.

18. RONCONI, Reginaldo; DUARTE, Denise. João Filgueiras Lima (Lelé).

19. LIMA, João Filgueiras. *O que é ser arquiteto* (op. cit.), p. 35.

20. COSTA, Lúcio. Teoria das resultantes convergentes. In COSTA, Lúcio. *Lúcio Costa: registro de uma vivência*, p. 402.

21. Idem, ibidem, p. 397.

22. PAZ, Aloysio Campos da. In LIMA, João Filgueiras. *CTRS: Centro de Tecnologia da Rede Sarah* (op. cit.), p. 7.

23. Idem, ibidem.

PROJETOS ESCOLHIDOS

Hospital Sarah Salvador, Salvador BA. João Filgueiras Lima, 1991.

Foto Nelson Kon

Os projetos escolhidos foram selecionados pelos seus aspectos transformadores na obra de Lelé. Todas apresentam as duas principais características discutidas ao longo do livro (apesar da enorme diferença de escala e de situações social e geográfica): a industrialização e a ambiência. Contam ainda com outros aportes importantes para compreensão do raciocínio de projeto e do resultado final. A Escola Transitória de Abadiânia e a Prefeitura de Salvador, por exemplo, são projetadas com preocupações específicas quanto à sua efemeridade. E todas as quatro obras – distintas pelas dimensões – desenvolvem com rigor as possibilidades construtivas e estruturais dos materiais empregados.

Podemos também destacar, nos edifícios de cunho social – o hospital de Salvador e a escola rural de Abadiânia –, a preocupação da integração com a natureza, em especial na observância do clima quente da região onde foram implantados. Ambos os projetos resolvem, através de soluções projetuais diferentes para cada uso e situação, as dificuldades inerentes à relação entre artifício e natureza.

A Escola Transitória de Abadiânia é primeira experiência de Lelé no uso da argamassa para industrialização total do edifício. Com componentes leves e poucos recursos industriais, ele desenvolve um sistema construtivo capaz de ser executado por mão de obra *não qualificada*, com excelente acabamento final. Esta construção foi base para todas as escolas projetadas posteriormente em seu percurso profissional, abrindo possibilidades de industrialização do programa em vários estados brasileiros, mesmo sem a presença do arquiteto – como foi o caso da Cedec, liderada por Mayumi Watanabe. A obra de Abadiânia, que se destaca por seu cunho social, é, na verdade, fruto do engajamento acadêmico de Lelé – que participou do projeto como professor da Universidade de Goiás. Resultaram dessa experiência a publicação de um livro – manual ilustrado da montagem – e as possibilidades técnicas do edifício.

Por se tratar da inserção de um edifício em centro histórico, a Prefeitura de Salvador é especial na carreira de Lelé. Vale reafirmar que suas principais características – a delicadeza da implantação e o uso do aço –, permitiram que a construção ocorresse em apenas doze dias. A sede da prefeitura também tem caráter transitório, sendo possível sua desmontagem e montagem; e discute a relação entre efemeridade e permanência.

O Hospital Sarah Salvador, por outro lado, consiste na primeira obra do CTRS, projetado inicialmente para ser construído em argamassa armada. Com o fim da Faec, o projeto foi modificado e adaptado para emprego de aço em sua construção, técnica recorrente nos hospitais posteriores. No Sarah Salvador, Lelé usa pela primeira vez os dutos de instalações e ventilação; desenvolve os sheds, já comum em suas obras, mas agora com um sentido plástico através de curvas e maior desempenho aerodinâmico.

Já a Residência Roberto Pinho, por sua vez, se destaca por ser uma casa industrializada com os recursos da indústria da construção civil disponível no Brasil. Nesta obra, Lelé não conta com o aporte de suas fábricas, mas ainda assim desenvolve uma construção industrializada de impecável acabamento. Outra característica marcante é sua inserção na paisagem, valorizando os visuais e a insolação. Mesmo se tratando de uma obra de menor porte, o arquiteto encontra, através de recursos projetuais, o melhor desempenho do conforto ambiental do edifício, característica de sua arquitetura social.

O arquiteto João Filgueiras Lima se destaca por sua capacidade de invenção, apuro técnico e valorização da cultura construtiva brasileira. Lelé soube reconhecer as possibilidades técnicas e tecnológicas do seu tempo e as dificuldades sociais do país. Além do aporte ideologicamente engajado na defesa das camadas mais pobres e necessitadas, suas obras valorizam a beleza e criatividade das formas inventadas pelos mestres que o antecederam, fugindo da mera cópia e respeitando um legado rico e inspirador. Por tais características de sua vida profissional, poderíamos designá-lo de diversas maneiras – construtor, inventor, engenheiro, industrial, humanista, monge ou artista. Mas o que realmente o define é a palavra *arquiteto*.

ESCOLA TRANSITÓRIA DE ABADIÂNIA

As escolas de Abadiânia foram uma experiência, no dizer do próprio Lelé, romântica. Após o fechamento da fábrica de equipamentos urbanos de Salvador, a Renurb, Lelé foi para Goiás a convite de seus amigos Vander Almada e Frei Mateus Rocha. Na Renurb – onde os estudos com a pré-fabricação da argamassa mostraram viabilidade –, Lelé viu a possibilidade de construir uma pequena fábrica, com poucos recursos, para industrialização na arquitetura.

Na época que fui demitido da Prefeitura (Salvador), estava tão entusiasmado com o processo da argamassa armada que, quando começou a abertura política e nosso amigo Vander Almada foi eleito Prefeito de uma cidade do interior de Goiás, Abadiânia, resolvi embarcar na aventura. Ele reuniu várias pessoas de outras áreas, médicos, educadores. Queríamos fazer uma experiência – modelo em Abadiânia, no meio do

mato. Fui encarregado da minha parte – isso foi feito de graça –,
e ficava lá pelo menos cinco dias por semana.

Em Abadiânia, qualquer coisa que a gente fazia – a inauguração
de uma escola, por exemplo – era um acontecimento, havia
festa e até baile na terra, naquela poeirada, e eu era obrigado
a tocar acordeão para as pessoas dançarem. Toquei muita
música goiana nesse periodo. Eles pediam e eu tinha que tocar
as músicas locais.

Construi uma fabriqueta em Abadiânia, bem improvisada.
Primeiro fizemos pontes, depois escolas, vários equipamentos
de uso rural. Foi nesse periodo, em 1982, que Leonel Brizola
ganhou a eleição para governador do Rio pela primeira vez, e
seu vice, meu amigo Darcy Ribeiro, me chamou para trabalhar
com eles. Eu lecionava na UCG (Universidade Católica de
Goiás), porque a experiência de Abadiânia foi financiada
também pela universidade, tínhamos conseguido dinheiro com
ela. E Darcy levou Brizola até Abadiânia. De repente ele desceu
lá, num aviãozinho bem ordinário, levantando poeira. Ficou
impressionado com nosso trabalho e me chamou para ir para
o Rio.[1]

Anos mais tarde, Lelé confessou ter sido essa experiência
seu "maior sucesso profissional". O projeto das escolas, que surgiu

em Abadiânia, foi repetido (salvo pequenas alterações) nas fábricas montadas posteriormente no Rio de Janeiro e em Salvador:

Por incrível que pareça, acho que meu maior sucesso profissional foi nessa cidadezinha de Goiás, porque houve um envolvimento total das pessoas. Abadiânia era uma cidade tão primitiva, tão pobre, que nem havia operários. Eu tinha de fazer uma espécie de cartilha para ensinar as pessoas a trabalhar. Primeiro a gente começou fazendo peças industrializadas em madeira, a única forma de envolver a população era fazendo coisas bem simples. Mas a madeira embora desse uma resposta rápida, era perecível. E ali não tinha escola rural, não tinha nada.[2]

A proposta de Lelé para Abadiânia mostrou que era possível construir escolas utilizando-se de mão de obra de baixa qualificação, com tecnologia avançada, para obter um produto final de alta qualidade.

O USO DE COMPONENTES LEVES (COM, NO MÁXIMO, CEM QUILOS) POSSIBILITOU A MONTAGEM DAS ESCOLAS COM A MÃO DE OBRA DISPONÍVEL – TRABALHADORES RURAIS, NO CASO DE ABADIÂNIA.

Escola Transitória de Abadiânia, montagem dos componentes,

Abadiânia GO. João Filgueiras Lima, 1982-1984.

Redesenho de André Marques

Estas obras foram construídas utilizando apenas dezesseis componentes de argamassa armada e, para o entendimento da execução das peças, Lelé organiza uma cartilha com desenhos de próprio punho. Pesquisa esta que resultou no livro, publicado pelo Ministério da Educação e Cultura, *Escola transitória modelo rural*.

Para atender às questões rurais do Brasil, Lelé desenvolveu soluções importantes: possibilidades de execução da obra através de uma pequena fábrica, flexibilidade espacial e até desmontar o edifício após mudanças políticas territoriais. As ocupações rurais no Brasil são efêmeras devido ao uso predatório da terra e dos interesses difusos do capital. Da mesma forma, a instabilidade política das regiões agrícolas resultou em projetos de escolas que permitissem a transitoriedade da construção e, também, a flexibilidade dos espaços internos. A proposta, no entanto, extrapolava as questões de arquitetura, propondo um conjunto de fábricas que atendesse todo o estado goiano (naquele período ainda não havia a divisão do estado de Goiás e a criação do estado de Tocantins). Lelé ainda desenvolveu um sistema que permitisse escolas de tamanhos variados para atender a demanda de cada local onde o edifício fosse implantado.

A escola para setenta alunos executada tinha apenas 285 metros quadrados de área. Para provar a viabilidade do uso da argamassa armada, Lelé construiu duas escolas: uma em madeira (em setembro de 1985) e outra em argamassa armada, ambas com as mesmas dimensões. Isso permitiu uma comparação direta dos custos e benefícios dos dois sistemas construtivos. O resultado: a argamassa, além de mais econômica – principalmente com a produção em escala –, garantia benefícios de conforto ambiental, durabilidade, independência produtiva, utilização de mão de obra não qualificada e rapidez na execução, com um prazo de fabricação e montagem de apenas 45 dias.

Podemos identificar o repertório teórico e prático do arquiteto para construção dessa escola. Conforme comentado nos capítulos anteriores,

OS PRINCÍPIOS TECNOLÓGICOS DE JEAN PROUVÉ E A EXPERIÊNCIA AMBIENTAL DE RICHARD NEUTRA EM PORTO RICO FORAM UMA GRANDE CONTRIBUIÇÃO PARA O PROCESSO CRIATIVO DE LELÉ.

As peças leves permitiram a montagem manual, com poucos componentes, diminuindo assim a complexidade construtiva, como mostram as lições deixadas por Prouvé. A pequena escola tinha seu peso inferior a 45 toneladas, com componentes menores que 5 metros, viabilizando o transporte por distâncias consideráveis a custo acessível. Sua montagem não necessitava de gruas hidráulicas; os operários, com suas próprias mãos ou com cordas e roldanas, podiam montá-las.

A experiência porto-riquenha de Neutra e sua revisão teórica publicada no livro *Arquitetura social em países de clima quente* tornou-se referência importante para projetos sociais na

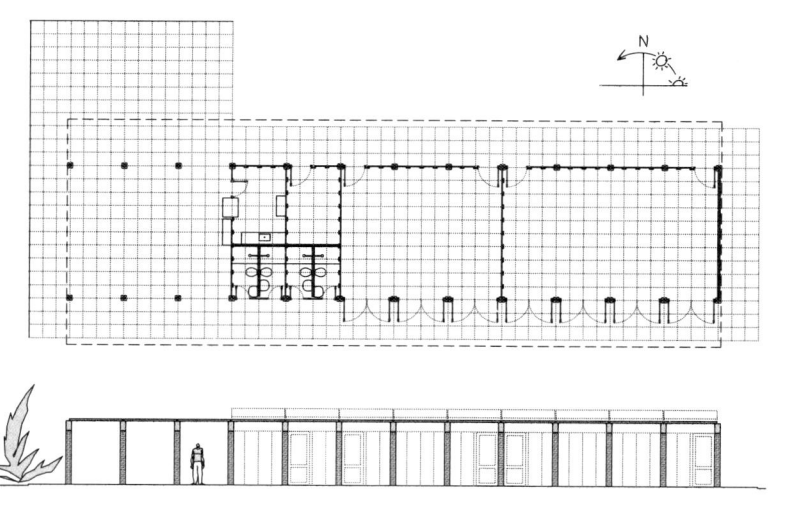

Escola Transitória de Abadiânia, planta e elevação, Abadiânia GO.

João Filgueiras Lima, 1982-1984. Redesenho de André Marques

PROJETOS   ANDRÉ MARQUES

ESCOLHIDOS _____

América Latina. Em entrevista com o arquiteto Marcelo Ferraz, Lelé fala da importância, ao lado de outros arquitetos, de Neutra em sua formação:

eu era muito eclético; eu estudava muito Neutra, Alvar Aalto, o próprio Mies. Mas claro, a minha influência maior foi de Oscar. Naquela época, não tinha essas coisas de procurar na internet, havia muita dificuldade, os livros não eram tão acessíveis quanto agora.[3]

As escolas de Abadiânia têm estrutura simplificada e singela, mas o acabamento e a qualidade espacial impressionam. As escolas do arquiteto Richard Neutra previam a liberdade espacial tal como as de Lelé, com aberturas para jardins, muita luz e muito verde. Neutra entendia também a situação provisória do campo e sua dinâmica. Os grandes beirais permitiam resolver questões de insolação e, no caso das escolas de Abadiânia, os sheds ofereciam iluminação no interior da planta, mesmo com a mudança das divisões internas, facilitando a dinâmica de usos livres dessa estrutura. Ao longo dos anos, Lelé fez uma revisão dos sheds de Abadiânia. Verificou que eles eram pouco eficientes, tanto para iluminação quanto para ventilação, por serem muito pequenos.

A escolha do módulo construtivo 114,5cm x 114,5cm resultou, evidentemente, no ajuste de fatores de ordem econômica, relacionados com aproveitamento máximo de materiais industrializados, aos de ordem funcional, sobretudo no que diz respeito ao dimensionamento correto dos ambientes. Entretanto, no desenvolvimento do projeto e, em consequência principalmente do estabelecimento do peso ideal dos componentes pré-fabricados, para atender as melhores condições de transporte e montagem manuais, o submúltiplo 57,25cm x 57,25cm transformou-se praticamente na unidade básica de execução do prédio.[4]

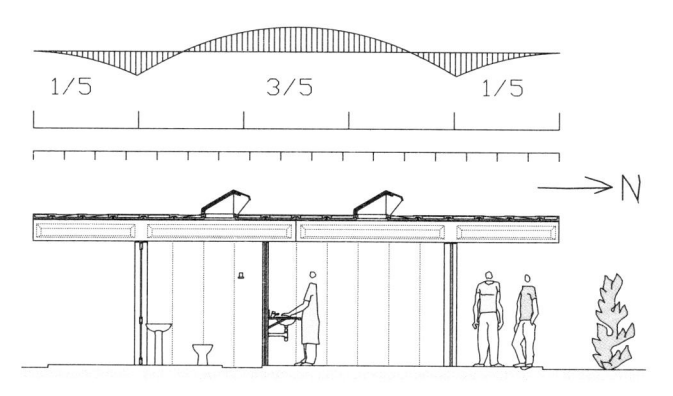

Escola Transitória de Abadiânia, corte transversal, Abadiânia GO. João Filgueiras Lima, 1982-1984. Redesenho de André Marques

Podemos mencionar também Mies van der Rohe quando falamos sobre questões de liberdade espacial e perfeição da racionalização do espaço e da construção. Uma questão que chama a atenção do observador atento às singelas escolas de Abadiânia é a paginação do piso com os vedos e o pilar na interseção das placas de piso. Todas as peças estão no local certo com a dimensão correta e acabamento primoroso, procedimento pouco comum nas obras escolares do Brasil.

As vigas são desenhadas com enorme rigor. Sua seção em forma de "Y" permite a diminuição de peso da peça e sua utilização para a condução de água pluvial. Foram projetadas para não exceder a dimensão máxima de 5 metros, que, como dito anteriormente, permite o transporte por meio de caminhões de médio porte. As vigas previam também a conexão hidráulica com os pilares por simples encaixe.

As escolas de Abadiânia serviram como projeto-piloto para outras indústrias de escolas em todo o país. Lelé se apoiou nos estudos desenvolvidos por Frederico Schiel, na Escola de Engenharia de São Carlos, e nas pesquisas para o desenvolvimento de escolas industrializadas, também de São Carlos. Posterior à experiência de Abadiânia, Lelé desenvolveu componentes para construção de outras fábricas de escola, permitindo o uso dos seus componentes na cidade de São Paulo, pela arquiteta

Mayumi Watanabe Souza Lima, no Centro de Desenvolvimento de Equipamentos Urbanos e Comunitários – Cedec.[5]

PREFEITURA DE SALVADOR

Na década de 1980, João Filgueiras Lima projetou a sede da Prefeitura de Salvador, projeto ímpar dentre suas obras. A proposta, cujo caráter é provisório assim como nas escolas de Abadiânia, foi implantada no centro histórico da cidade, região muito consolidada, junto aos mais simbólicos edifícios, como o elevador Lacerda e o Palácio Rio Branco – sede do governo do Estado da Bahia.[6]

A construção desta sede fazia parte da campanha eleitoral do então recém-eleito prefeito Mario Kertész e foi feita em doze dias, surpreendendo a população, como explica Lelé:

O prefeito anunciou que a prefeitura tinha que ir para o centro da cidade, como forma de valorizar o centro histórico. Toda a campanha foi feita em cima disso, mas ninguém acreditava ser possível. Quando ficou pronta, fez o maior reboliço.

Isso porque, naquele lugar, existia uma praça que era a coisa mais horrível. Que antigamente existia o prédio da biblioteca lá. Então, na década de 1960, resolveram fazer uma garagem

para a câmara que fica do lado oposto: uma garagem com uma
praça em cima. Mas erraram os níveis e a praça ficou levantada
com umas coisas em cima, uma coisa pavorosa. Essa obra foi
apelidada de cemitério de Sucupira.

Tivemos que trabalhar sobre o cemitério do Sucupira, pois
não podíamos demoli-la. Ninguém esperava que a prefeitura
fosse construída nesta área, porque todos imaginavam que a
garagem precisasse ser demolida para que algo fosse feito
ali. Mas decidimos implantar *o prédio em cima dos pilares
da garagem*; inclusive, eu fiz um levantamento para locar as

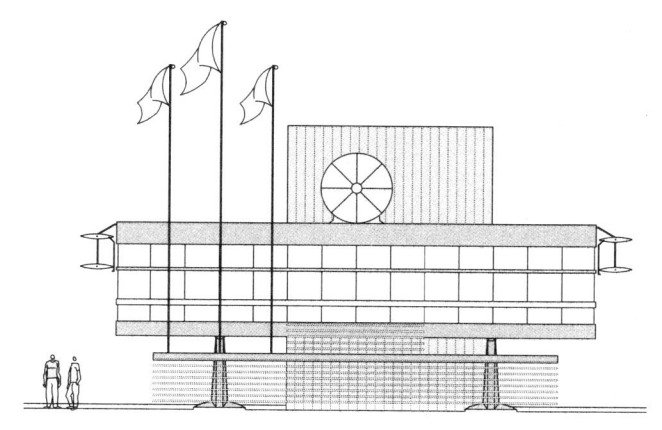

Prefeitura de Salvador, elevação, Salvador BA. João Filgueiras Lima,
1986. Redesenho de André Marques

fundações existentes. O meu projeto previa uma estrutura muito leve em aço e argamassa. Conforme as possibilidades técnicas. E entendo que foi revolucionária, uma vez que foi possível construí-la rapidamente, de uma forma que ninguém acreditasse ser possível e em um lugar que ninguém achava possível construir. A área do cemitério Sucupira era fadada *às maiores críticas.*[7]

A sede da Prefeitura de Salvador caracteriza-se por um volume suspenso sobre oito pilotis em forma de *pés*, apoiados e parafusados sobre o platô do Sucupira (estacionamento subterrâneo), e por seus volumes prismáticos coloridos, que identificam de forma didática as instalações e os espaços servidores. Essa tipologia de ordem hierárquica[8] possibilita a flexibilidade do espaço, quesito necessário tratando-se de uma construção transitória e efêmera como esta,[9] além de ser forte elemento de composição do edifício. Lelé ressalta os volumes com cores fortes, como o amarelo no cilindro da cobertura para as instalações de ar condicionado, e o verde para o volume da escada que acessa o subsolo, onde se encontra o estacionamento. Esta escolha mostra uma sutil citação às cores institucionais das bandeiras estadual (vermelho e azul no caixilho) e federal (amarelo, no cilindro externo do ar condicionado, e verde, no volume das escadas).

Ponto forte da composição formal do edifício é sua característica tectônica. O uso do aço SAC 50 (corten), auto protegido pela própria corrosão, e do vidro transparente ressaltam as características de textura e cor dos elementos. Outro recurso importante é o uso da argamassa armada, empregada nos volumes coloridos já citados e na construção do piso.

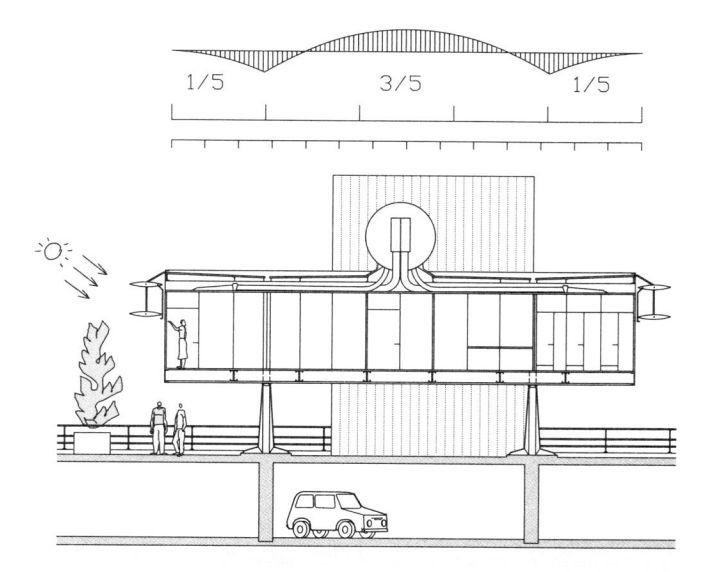

Prefeitura de Salvador, corte transversal, Salvador BA. João Filgueiras Lima, 1986. Redesenho de André Marques

No caso das aberturas, dois trilhos metálicos, pintados nas cores vermelho e azul, permitem a abertura dos vidros. Já as fachadas longitudinais são marcadas pelos quebra-sóis horizontais, metálicos e móveis, na cor branca. Esta simetria no tratamento das fachadas se deve à implantação do projeto na orientação Norte-Sul. É importante lembrar que a cidade de Salvador tem latitude baixa, próxima à linha do Equador.

Com modulação de 1,15m x 1,15m e submódulos de 0,575m x 0,575m, os espaços seguem um grande rigor na racionalização e geometria, como é possível notar no corte transversal. Os vãos ficam organizados nas proporções de 1/5 nos balanços e 3/5 no vão central, permitindo assim o equilíbrio da estrutura e diminuindo o momento fletor. A modulação também contempla a necessidade de alinhamento dos pilotis com os pilares preexistentes do estacionamento subterrâneo do Sucupira, conforme descrito no memorial do projeto:

A estrutura constitui-se de vigamento principal no sentido longitudinal do prédio, recebendo vigas transversais a cada 2,30m. Os pilares em dois niveis de seção tubular para conduzir as águas pluviais da cobertura, se apoiam nos pilares de concreto existentes do *Sucupira*, de modo a não transferir esforços para a laje e vigas.[10]

O projeto, de maneira muito simples, resolve com estratégias passivas as questões climáticas especificas de Salvador. Por se tratar de um edifício administrativo pertencente ao poder público, onde os usuários que o frequentam, no geral, vestem-se socialmente, com terno e gravata, o uso do ar condicionado garante o conforto térmico. Mesmo com este recurso, Lelé optou por valorizar a ventilação cruzada e proteger o edifício dos raios solares. Dessa forma, minimizando o uso de equipamentos ativos (como ar condicionado) para a climatização dos ambientes. E as máquinas foram usadas como objeto plástico da construção, destacando sua volumetria sobre a cobertura por meio da cor amarela. Apesar da presença deste sistema, pode-se optar pela ventilação natural das janelas de correr, e o controle da insolação através de brises horizontais móveis.

Outra estratégia importante refere-se aos espaços público e social criados pela sombra do edifício no nível dos pilotis, solução de extrema generosidade espacial para um clima quente como o baiano. Solução também que precede as atuais preocupações de sustentabilidade energética e social, antecipando caminhos projetuais para os dias de hoje.

Apesar da proposta ser para um edifício transitório, passados 25 anos ele ainda se encontra no local. No entanto, sofreu muitas modificações; algumas descaracterizando o desenho original, caso da pintura e vidros espelhados. O fato da obra não ter sido demolida demonstra as preocupações do arquiteto com sua permanência, característica de uma obra de arquitetura. Conforme descreve Lúcio Costa:

Enquanto satisfaz apenas as exigências técnicas e funcionais, não é ainda arquitetura; quando se perde em intenções meramente decorativas, tudo não passa de cenografia; mas quando – popular ou erudita – aquele a ideou para e hesita ante a simples escolha de um espaçamento de pilares ou da relação entre a altura e a largura de um vão, e se detém na obstinada procura de uma justa medida entre cheios e vazios, na fixação dos volumes e subordinação deles a uma lei, e se demora atento ao jogo dos materiais e a seu valor expressivo, quando tudo isto se vai pouco a pouco somando em obediência aos mais severos preceitos técnicos e funcionais, mas, também, aquela intenção superior que escolhe, coordena e orienta no sentido da ideia inicial toda essa massa confusa e contraditória de pormenores, transmitindo assim ao conjunto, ritmo, expressão, unidade e clareza – o que confere a obra o seu caráter de permanência – isto sim, é arquitetura.[11]

ANDRÉ MARQUES

Lúcio Costa em, 1944, projetou o Park Hotel em Nova Friburgo. Também concebido para ser efêmero, seria desmontado após a venda dos lotes do empreendimento da família Guinle, mas isso nunca ocorreu. Os desenhos do hotel, assim como os da Prefeitura de Salvador, transcendem à condição inicial de obsolescência programada, mantendo o caráter de permanência proposto por Costa no que se refere à verdadeira arquitetura.

Este importante projeto de Lelé tem localização privilegiada, não só por estar inserido no centro histórico de Salvador – primeira capital do país e que guarda, ainda hoje, características do tempo do império e dos primeiros passos da urbanização no Brasil –, mas também por estar implantada na praça Tomé de Souza, um dos principais acessos à cidade alta graças à proximidade do Elevador Lacerda, e cuja primeira edificação data final do século 19 e, a atual, de 1930.[12]

A implantação da proposta de Lelé fica onde antes estava a antiga biblioteca pública, demolida nos anos 1960. A praça é composta por edifícios como o Palácio Rio Branco – antigo Palácio dos Governadores-Gerais do Brasil, cujo prédio original é seiscentista, mas passou por uma reforma na segunda década do séc. 20 – e a Sede do Legislativo municipal – antiga Casa de Câmara e Cadeia, construída no decorrer dos séc. 17 e 18.[13]

**LELÉ POSICIONA O EDIFÍCIO NO EIXO
DO PALÁCIO RIO BRANCO, RECONFIGURANDO
A PRAÇA TOMÉ DE SOUZA E ENALTECENDO
A ROSÁCEA.**

É importante ressaltar o estado do local antes da construção do edifício da prefeitura em 1986, quando a rosácea era encoberta por carros estacionados no centro da praça.

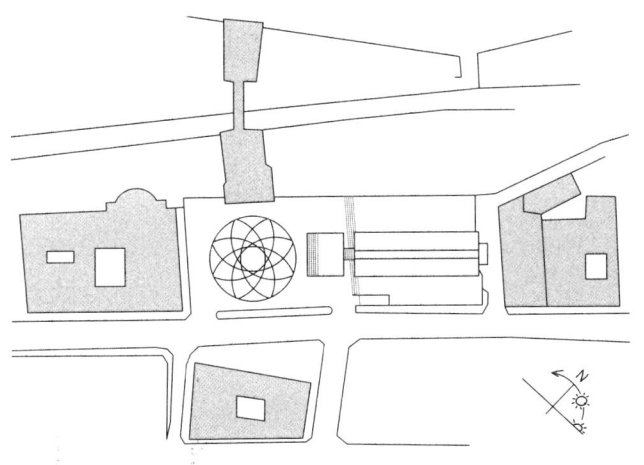

Prefeitura de Salvador, implantação na praça Tomé de Souza, junto ao Elevador Lacerda e Palácio Rio Branco, Salvador BA. João Filgueiras Lima, 1986. Redesenho de André Marques

Após a construção, o projeto foi marcado por inúmeras polêmicas. A população, em tom de deboche, apelidou a obra de "Alta do tubo" – em alusão a sua forma e à canção do cantor baiano Luiz Caldas, sucesso no carnaval daquele ano.[14] Lelé comenta que, por motivos políticos, a mídia da época criticou muito a construção da proposta e isso marcou o cidadão baiano:

O baiano tinha vergonha dessa prefeitura! Eles tinham ódio! Isso devido à imposição da *midia na época*. Hoje em dia, quando quiseram demolir a prefeitura, a população foi até lá e disse não. Era provisório, mas não conseguiram demolir. *É assim: tem gente que odeia e gente que gosta.*[15]

O ponto principal da polêmica é o contraste com as edificações existentes, anunciado, segundo o arquiteto e professor Chango Cordiviola, pela marcante presença do estilo de sua época:

Deve ficar absolutamente claro que a construção do Palácio nunca foi uma ação destrutiva do patrimônio pré-existente e que sua simples retirada não recompõe uma situação patrimonial histórica nem estética ou que aumente a *ostensividade* do conjunto. O que reduz a discussão e, dentro dela a sentença, *à pura polêmica estética de valor arquitetônico:*

constatação de compatibilidade ou incompatibilidade
estética entre o Palácio Tomé de Souza e as pré-existências
monumentais.[16]

Em 10 de setembro de 2004, o Ministério Público impõe a demolição o Palácio Tomé de Souza (sede da Prefeitura), situado na praça Municipal de Salvador, em um prazo de seis meses.[17] Em reação, Lelé defende o edifício dizendo:

Minha intenção era a de respeitar a volumetria e que de certa forma estabelecesse um diálogo com o Palácio do Rio Branco e valorizasse a Câmara. [...] Apesar de ser um prédio transitório, ele respeita todas as questões urbanísticas que ainda defendo hoje. [...] Hoje acho que o prédio não tem nada de errado. E se chegar a uma conclusão que está completamente errado, prejudicando todo o Centro da Cidade aí tem que tirar. Mas essa não pode ser uma avaliação feita por um juiz. Ou você acha que agora é um juiz que avalia toda a questão de urbanismo?[18]

Importante salientar que tal remoção não reconfigura-ria uma condição perdida por sua construção. Em seu texto "E se não tivéssemos o Palácio Thomé de Souza?", Alessandra

Horschutz deixa claro o dilema: *"Será que seria melhor deixar o Cemitério de Sucupira vazio? Eu penso que não!"*[19]

Uma intervenção em um contexto histórico de enorme valor, caso de Salvador, não poderia passar indiferente. Lelé projeta um edifício com o "espírito de sua época",[20] resolvendo as questões próprias do sítio proposto e buscando com isso uma forma de se amarrar à trama urbana existente sem precisar usar de artifícios estéticos de épocas passadas. Podemos notar que toda a polêmica sobre a obra da sede da Prefeitura de Salvador transita no âmbito de questões estilísticas e não de sua inserção urbana.

Algumas características desse edifício são passíveis de serem comparadas com as preocupações contemporâneas da arquitetura high-tech inglesa dos anos 1980. Por exemplo, a midiateca Carré d'Art (1984-1993), projetada por Norman Foster em Nimes, na França, foi implantada em um sítio histórico, ao

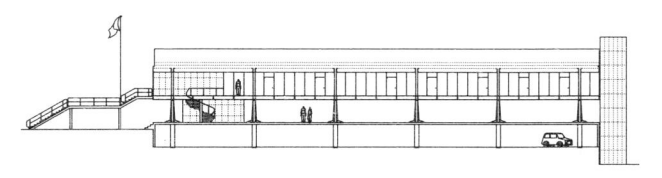

Prefeitura de Salvador, corte longitudinal, Salvador BA. João Filgueiras Lima, 1986. Redesenho de André Marques

lado de uma construção da época do império romano. Para o novo projeto, o arquiteto propõe um edifício com características modernas, construído em aço e vidro. Em situação parecida à ocorrida com a sede da Prefeitura de Salvador, a obra de Foster sofreu enorme oposição da opinião pública, que organizou um abaixo-assinado com milhares de subscrições exigindo o cancelamento da obra;[21] fato que acabou postergando sua execução e inauguração. A proposta final construída – depois de dezenas de alternativas desenhadas pelo arquiteto – promoveu uma grande mudança no espaço público da cidade, transformando-o em algo novo, como descreve:

O Carré d'Art mostra como um projeto de construção, apoiado por uma iniciativa política esclarecida, não só pode incentivar um diálogo entre as arquiteturas antigas e modernas, mas também pode fornecer um poderoso catalisador do tecido social e físico de uma cidade. O desafio foi relacionar o novo ao antigo, e, ao mesmo tempo, criar um edifício que representasse sua própria idade com integridade.[22]

Outro ponto característico da obra, que pode ser relacionado com a arquitetura britânica, é a supervalorização da estrutura e da instalação. A instalação no eixo central do edifício, como elemento característico na obra, lembra muito o projeto de Richard Rogers para a Fábrica de Microprocessadores Inmos (1982-1987), em Newport, País de Gales. Rogers, assim como Lelé, extrai valores plásticos das instalações aparentes, valorizando a estrutura e sua lógica de funcionamento.

Tais características na obra de Lelé não se apresentam por um simples processo de cópia ou influência de um grande pensador moderno, mas sim como preocupação comum de uma arquitetura que representa a contemporaneidade. Conforme conclui Ana Gabriella Lima Guimarães em sua tese de doutorado:

Podemos constatar que a dimensão ideológica, presente nas obras de Lelé e nos projetos dos arquitetos britânicos, supera a ingênua noção reformista e tecnocrática do movimento moderno. A tecnologia é admitida como recurso necessário à materialização de espaços mais humanos e democráticos. Tanto para Lelé como para os arquitetos high-tech a forma arquitetônica é considerada parte de uma reflexão crítica sobre o tempo, o espaço e o ser, não estando necessariamente subjugada a uma fórmula fechada (tratados, normas, categorias estilísticas, tipologias), mas sim definida por uma matriz metodológica flexível e aberta que permita a ela moldar-se às realidades objetivas e subjetivas do mundo contemporâneo, em constante transformação, acenando por uma linguagem própria dessa contemporaneidade.[23]

Podemos concluir que a sede transitória da Prefeitura de Salvador apresenta todas as características de uma obra permanente, que se projeta na dimensão do tempo, permitindo flexibilidade e adaptabilidade ao espaço. Sua permanência nesses 25 anos evidencia tal fato, pois, passado tanto tempo, suas características ainda se mantêm.[24] Além disso, a reforma revela a capacidade de fácil desmontagem e adaptação com possibilidade de diversos usos, como previa o arquiteto.

O edifício se impõe na paisagem soteropolitana sem engessar seu perfil histórico, colocando-se como algo novo, com uma forma simples, sem grandes gestos formais. A obra apenas se caracteriza por sua tecnologia e leveza. E as polêmicas foram somente relacionadas ao seu caráter estético moderno.

AO PROJETAR ESTA OBRA, JOÃO FILGUEIRAS LIMA UTILIZA TODAS AS POSSIBILIDADES TECNOLÓGICAS PARA SUA CONSTRUÇÃO E LIBERDADE ESPACIAL, DEMONSTRANDO APURO CONSTRUTIVO E PREOCUPAÇÕES COM O CONFORTO DO USUÁRIO.

Uma construção de impecável acabamento e sem a necessidade de sobreposição de técnicas construtivas ou decorativas. Um espaço de características espartanas, condizentes com as funções públicas ali exercidas.

HOSPITAL SARAH SALVADOR

O Hospital Sarah de Salvador inaugura um novo sistema construtivo na obra de Lelé, que foi exaustivamente trabalhado ao longo de vinte anos. Inicialmente, a proposta foi pensada para ser construída em argamassa armada pela Fábrica de Cidades – Faec, em 1987. Com o fechamento da empresa, o projeto caminhou para a utilização de estrutura metálica, com chapas dobradas e fechamento em placas de argamassa armada.

Este sistema construtivo imaginado a priori por Lelé foi basicamente o mesmo utilizado no Hospital Psiquiátrico de Taguatinga, também construído pela Faec em 1988. Nesse período, ele desenvolveu o estudo dos primeiros hospitais da Rede Sarah: a unidade de Curitiba (não executada), a de Salvador (construída apenas em 1991 e inaugurada em março de 1994) e a de São Luiz. Esta última foi construída, mas quase não há documentação sobre ela nos livros publicados sobre as obras de Lelé. O Hospital de São Luiz foi construído sob forte interesse político do então presidente José Sarney e sem o devido controle do arquiteto sobre a obra. Tal situação gerou descontentamento do arquiteto em relação ao resultado final, fato posteriormente reforçado pela exclusão do hospital nas obras comentadas em seu livro *Arquitetura. Uma experiência na área de saúde*. Neste, Lelé comenta apenas sobre o Centro Comunitário (1995) integrado ao Hospital do Aparelho Locomotor da Associação das Pioneiras Sociais do Maranhão e sobre o qual teve total controle da obra.[25]

O HOSPITAL DE SALVADOR, INSPIRADO NA ARQUITETURA COLONIAL DO RECÔNCAVO BAIANO, ESTÁ CONSTRUÍDO SOBRE A CUMEADA, COM VOLUMETRIA BAIXA E DESFRUTANDO DA BRISA DO MAR.

Com área aproximada de 16.000 metros quadrados e capacidade para 165 leitos, o projeto baseia-se na garantia de mobilidade interna e externa dos pacientes (da mesma forma que a unidade de Brasília), desfrutando as vantagens ambientais de uma implantação tão ligada ao solo. E, apesar desta opção de partido trazer prejuízos no que diz respeito às extensas áreas de circulação que exigem, o resultado final é a equivalência entre benefícios e desvantagens inerentes à proposta.

Outro ponto importante está nos desenhos dos componentes em argamassa. Isto porque o shed ganha uma concepção mais aerodinâmica, diferenciando-o das experiências do Hospital Psiquiátrico de Taguatinga. Os sheds, agora em aço, tiveram seu desenho aprimorado de forma a garantir maior desempenho de suas funções, tanto de iluminação como de ventilação. Apesar das mudanças construtivas, a concepção espacial nunca mudou. Como podemos notar no texto da revista *Projeto* de outubro de 1987, a proposta final deixou de lado a ideia inicial das cornetas para captação do ar, sendo necessário então o uso

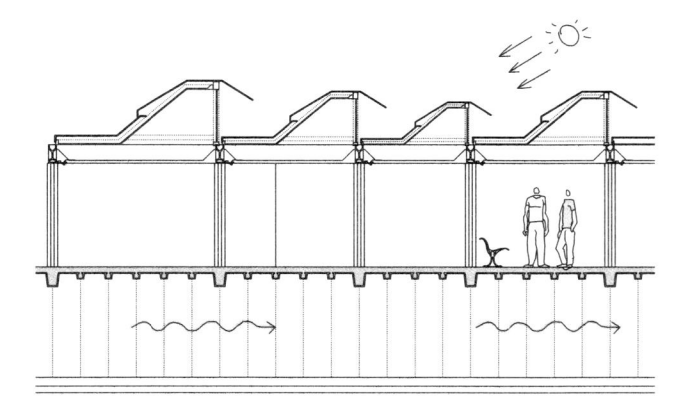

Hospital Sarah Salvador, corte da proposta não executada, Salvador BA. João Filgueiras Lima, 1988. Redesenho de André Marques

de ventiladores (para manter a pressão positiva dos dutos), nas tomadas de ar das galerias no arrimo, e aberturas nas divisões, tanto na parte inferior como superior (evitando assim o fechamento total da passagem de ar).

Aproveitando a irradiação solar e a brisa do mar que sopra permanentemente nas cumeadas, foi possível a manutenção dos niveis convenientes de temperatura e assepsia do ar para a maioria dos ambientes, aplicando principios simples, como a aerodinâmica. Evitaram-se os recursos da ventilação cruzada, diminuindo os riscos de disseminação de infecções, e optou-se por um sistema de fluxos verticais. Para isso, as galerias de manutenção das tubulações no piso inferior, orientadas na direção dos ventos dominantes, foram usadas como grandes dutos. A brisa constante captada por grandes cornetas mantém o ar permanentemente comprimido no interior das galerias. A insuflação do ar nos ambientes é feita através de pequenos dutos verticais incorporados às divisões, ou anexados aos pilares, e dotados de grelhas localizadas na zona inferior dos recintos.[26]

Como foi mencionado anteriormente, podemos notar a influência de Richard Neutra na concepção dos espaços do hospital. As aberturas para as áreas ajardinadas e a relação com a natureza são características também da obra do arquiteto austríaco radicado nos Estados Unidos. Outra referência importante para esse projeto é o Hospital de Puericultura da Ilha do Fundão, dos arquitetos Jorge Machado Moreira e Aldary Toledo. Além deste, outros exemplos são os projetos hospitalares executados pelo próprio Lelé, como o Hospital de Taguatinga e o Hospital Sarah de Brasília.

O Hospital de Puericultura da Ilha do Fundão apresenta três blocos paralelos ligados por um transversal. Sua volumetria

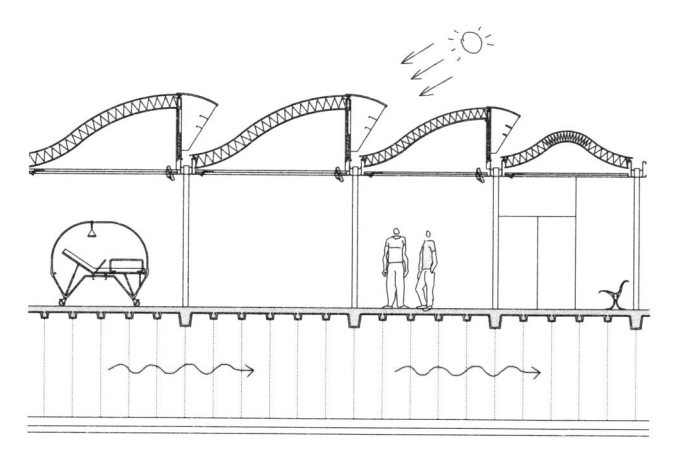

Hospital Sarah Salvador, corte, Salvador BA. João Filgueiras Lima, 1991. Redesenho de André Marques

baixa permite melhor contato com a natureza: o mar circundante da ilha ou mesmo os jardins desenhados por Roberto Burle Marx. O desenho da planta permite a criação dos pátios; e a presença

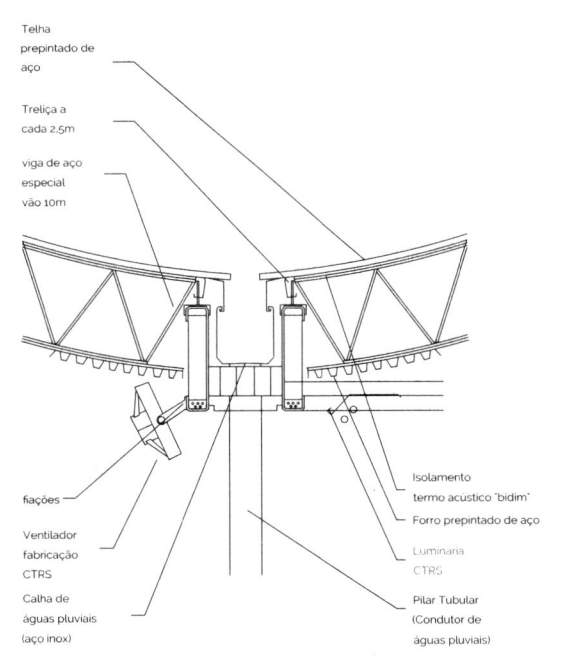

Telha prepintado de aço

Treliça a cada 2,5m

viga de aço especial vão 10m

Isolamento termo acustico 'bidim'

Forro prepintado de aço

Luminaria CTRS

fiações

Ventilador fabricação CTRS

Calha de águas pluviais (aço inox)

Pilar Tubular (Condutor de águas pluviais)

Detalhe construtivo do isolamento termo acústico da cobertura, recolhimento de água pluvial e instalações. João Filgueiras Lima. Redesenho de André Marques

dos pilotis possibilita a articulação dos espaços abertos. O primeiro bloco (ambulatório) e o bloco transversal (banco de leite) são cobertos por sheds. Já o terraço conta com um espaço de recreação coberto por belíssimas abóbadas, que quebram a ortogonalidade do edifício. Recurso este muito recorrente nos hospitais projetados por Lelé. O hospital ainda conta com a integração de artes, com painéis de Roberto Burle Marx, Ayrton Sá Rêgo e Yvanildo da Silva Gusmão.

A estrutura metálica da unidade Sarah de Salvador é constituída de pilares tubulares apoiados em vigas duplas de chapa dobrada que, por sua vez, recebem as treliças metálicas em arco, formando os sheds da cobertura. As águas pluviais são recolhidas em calhas de aço inoxidável, alojadas por entre as vigas duplas, e dirigidas para os pilares, que também funcionam como dutos coletores.

As paredes voltadas para o exterior são constituídas por uma camada externa em chapa metálica pré-pintada e outra interna de argamassa armada; entre as duas, uma terceira camada, com 25,4 milímetros de espessura, de poliuretano para o isolamento térmico.

Já a solução para o isolamento termo acústico da cobertura se dá por meio de duas camadas de *bidim* que revestem a superfície interna da telha e a do forro metálico. Além disso, a

Hospital Sarah Salvador, montagem dos componentes, Salvador BA.

João Filgueiras Lima, 1991. Redesenho de André Marques

camada de ar ventilado formada entre estas duas placas de *bidim* acaba por aumentar a eficiência do isolamento. E, por fim, as instalações elétricas são distribuídas em canaletas específicas formadas pelas próprias vigas da cobertura. Nelas, são fixadas as luminárias e os ventiladores desenhados e construídos pela equipe do CTRS.

Para a execução do auditório, foi utilizada uma viga em arco de concreto armado que sustenta a cobertura através de fios de aço, lembrando a solução de Le Corbusier para o Palácio dos Soviets (1931), em Moscou. Tal solução permitiu o vão livre necessário para o uso do auditório e foi muito empregada no período da Fábrica de Escolas do Rio de Janeiro. Nos futuros hospitais da Rede Sarah, foi desenvolvido um sistema de cobertura especifica para vencer os grandes vãos.

O hospital foi implantado na cota elevada do terreno, exigindo, portanto, a construção de muros de contenção; e, para a inserção das galerias de tubulações e para a construção do muro onde elas desembocam, foi necessário fazer a terraplanagem de um trecho. Além do aplainamento, as encostas ao redor do terreno foram modificadas para o complexo de edifícios e equipadas com muros de contenção, tornando o conjunto acessível para os veículos especiais, desenvolvidos pelo CTRS, e para terapias – como práticas de esporte – nas áreas externas ao hospital.

**O HOSPITAL SARAH DE SALVADOR SE IMPÕE
PELA VOLUMETRIA BRANCA E PELOS SHEDS
COM DETALHES EM AMARELO.**

A ambientação de cores é feita pelos painéis de divisórias, projetados por Athos Bulcão. Além de separar as funções dos espaços, os elementos vazados, desenhados por Athos, criam relações visuais e regulam, ao mesmo tempo, os espaços internos e externos. Pela sua transparência e leveza visual, eles revelam a função não estrutural dentro do sistema construtivo.

Os painéis de Athos permitem permeabilidade do olhar, fundamental na ideologia dos hospitais da Rede Sarah em relação à humanização do espaço hospitalar. Da mesma forma, os jardins: além de estratégicos para a climatização, ocupam papel importante no condicionamento dos doentes por trazerem benefícios psicológicos e, consequentemente, favorecerem o processo de cura. Podemos dizer que, em muitas situações, não sabemos se estamos dentro ou fora do hospital. Os jardins permeiam o edifício; a claridade, tão natural, nos faz sentir como em um espaço aberto. Os ambientes são ventilados através das paredes, no sentido dos sheds, evitando a ventilação cruzada e a disseminação de vírus hospitalares. As aberturas de piso a teto, permitem passeio dos pacientes em cama-macas ou cadeiras aos jardim externos para banhos de sol ou simples contato com o exterior.

RESIDÊNCIA ROBERTO PINHO

Entre 2007 e 2008, Lelé projetou uma residência para seu amigo Roberto Pinho. Localizada a 40 quilômetros do centro de Brasília, o terreno é circundado pela bela paisagem do cerrado do Centro-Oeste brasileiro. As vistas que se descortinam a partir da área de implantação foram fundamentais para o desenho da casa, privilegiando a paisagem em cada momento, desde quando se chega na cobertura para automóveis até quando se desfruta os espaços internos, sociais ou íntimos. A cobertura

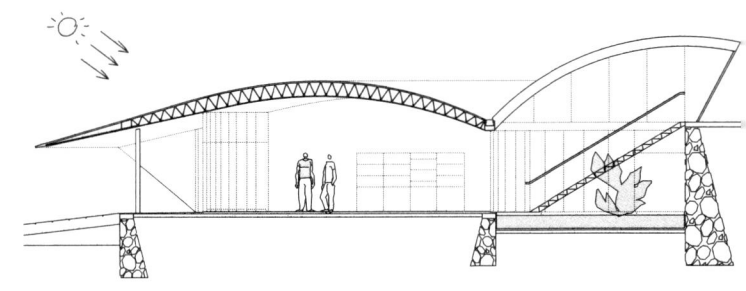

Residência Roberto Pinho, corte, Brasília DF. João Filgueiras Lima, 2007-2008. Redesenho de André Marques

para carros foi projetada em uma estrutura metálica tipo cogumelo, lembrando o projeto de Arne Jacobsen para um posto de gasolina em Copenhague (1937).

O projeto, em planta curva, abre-se como um leque para a paisagem. Sua forma segue o caminho do sol, com os quartos para Nordeste e a sala de estar e cozinha para Norte, sempre em um eixo simétrico. A casa resguarda um espelho d'água em seu centro, como um jardim interno que permite o controle da umidade dos ambientes no clima seco de Brasília. O espelho d'água se protege da insolação através de uma pérgula e é cortado pela ponte/escada de acesso à casa. Com profundidade de proximamente 50 centímetros, situa-se junto ao muro de pedra, permitindo assim que toda a área interna da casa receba seus benefícios: além de beleza, um *microclima* agradável.

Lelé comenta, em entrevista à revista *AU – Arquitetura e Urbanismo*, que sempre é importante pensar claramente na implantação, evitando erros posteriores. Completa: "Nunca vi o Oscar cometer nenhum deslize ao implantar um edifício no terreno e posso dizer que aprendi muito com ele sobre isso".[27] O arquiteto opta por criar dois níveis, um de acesso e outro, 6 metros abaixo, para conter a maior parte do programa da casa. Uma marquise metálica na entrada, pintada de amarelo, sugere, por sua forma, os sheds desenhados por ele em outras obras.

A entrada se dá pela área social, sala de estar e cozinha. E a circulação dos dormitórios acontece através de um extenso corredor que atende quatro suítes e o acesso à área de serviço, onde foram previstos mais dois quartos para empregados. Na sala de estar, foi prevista uma divisória móvel que permite a privacidade e controle acústico da sala de televisão. Já a cozinha é aberta em forma de ilha e dialoga com o espaço social da casa. Na área externa, uma piscina de desenho curvo e uma estrutura metálica em forma de árvore – um viveiro e uma pérgula – permitem o desfrute de belas vistas.

Residência Roberto Pinho, detalhe do mirante, Brasilia DF. João Filgueiras Lima, 2007-2008. Redesenho de André Marques

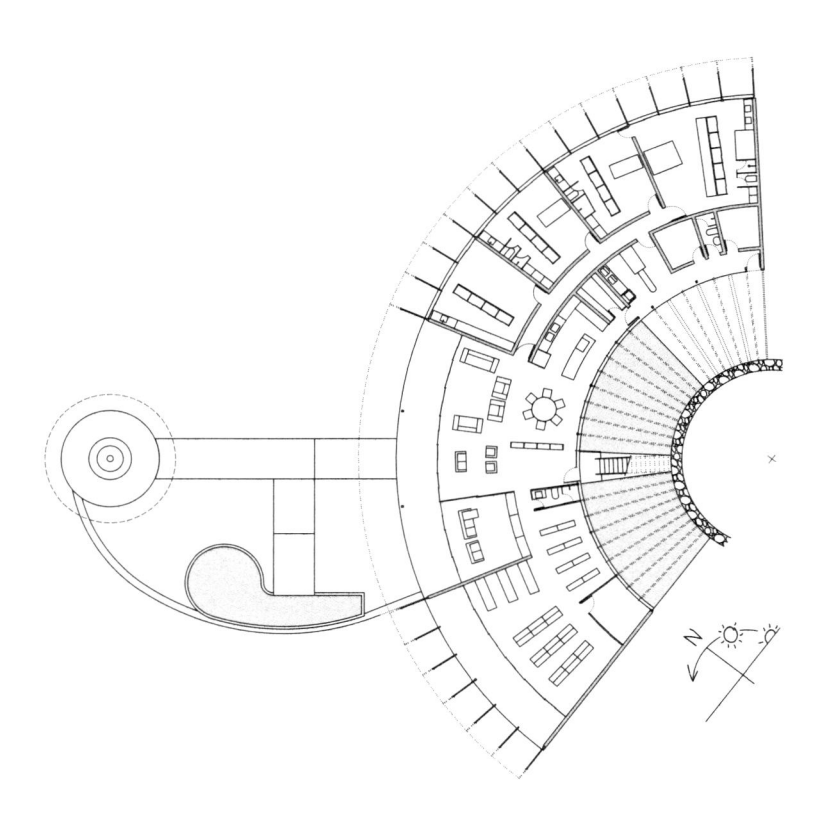

Residência Roberto Pinho, planta, Brasilia DF. João Filgueiras Lima,
2007-2008. Redesenho de André Marques

Nesta obra, Lelé desenvolve o projeto de integração plástica, pois não contava mais com a ajuda de Athos, já muito debilitado pelo mal de Parkinson. As empenas laterais são revestidas com azulejos azul ultramar e verde sobre branco. O painel artístico desmaterializa o peso estrutural da parede e relaciona-se de forma sutil com a natureza, sugerindo o desenho de uma trepadeira sobre a parede.

A construção desta casa se deu sem a necessidade de gruas ou grandes máquinas. As peças foram executadas pela empresa Irmãos Gravia, em Brasília, com quem Lelé já havia trabalhado no período em que lecionou na UnB. Ele afirma ser esta a razão da sintonia entre projetista e construtor; e, também, a possibilidade do proprietário coordenar a obra. Todo o projeto – quatrocentos desenhos feitos à mão – foi desenhado em folhas de papel manteiga, fato que orgulha muito o arquiteto.

São poucas as residências projetadas por Lelé; apenas algumas casas para amigos, como ele mesmo observa. Nesses projetos, o arquiteto mostra toda sua maestria no uso de materiais diversos: pedra, tijolo cerâmico, aço, concreto e argamassa armada. Podemos assinalar outras experiências em aço, tais como a Residência Roberto Pinho: as residências de Aloysio Campos (1969-1997) e de João Santana (1994).

Considerando a breve evolução histórica das tentativas de racionalização e industrialização da construção de residências no Brasil, pode-se afirmar que o desafio de projetar uma casa racionalizada e industrializada ainda persiste. O país não cumpriu sua agenda de desenvolvimento industrial e, portanto, não apresenta número extensivo de obras desse tipo.

OS ARQUITETOS AINDA ENCONTRAM DIFICULDADE EM INDUSTRIALIZAR O CANTEIRO.

Lelé, na Residência Roberto Pinho – assim como Marcos Acayaba com suas experiências em madeira – consegue, com uma industrialização leve, viabilizar os problemas encontrados nas grandes estruturas em concreto armado – caso das residências Boris Fausto e Antonio Gerassi Neto. Vivemos em um momento de reflexão mundial sobre desperdício de recursos

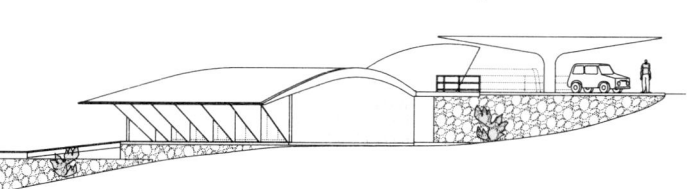

Residência Roberto Pinho, elevação, Brasília DF. João Filgueiras Lima, 2007-2008. Redesenho de André Marques

e problemas ambientais. A obra de João Filgueiras Lima, Lelé, aponta para a aliança necessária entre industrialização e ambiência para se alcançar uma sustentabilidade mais complexa, envolvendo os aspectos econômico, ecológico e humano.

NOTAS

1. LIMA, João Filgueiras. *O que é ser arquiteto* (op. cit.), p. 57.

2. Idem, ibidem.

3. LIMA, João Filgueiras. In LATORRACA, Giancarlo (Org.). Op. cit., p. 22.

4. LIMA, João Filgueiras. *Escola Transitória: modelo rural*, p. 33.

5. BUITONI, Cássia Schroeder. *Mayumi Watanabe Souza Lima: a construção do espaço para a educação*.

6. MARQUES, André. Sede transitória da Prefeitura de Salvador. Aspectos da racionalização e contexto histórico.

7. LIMA, João Filgueiras. Depoimento a André Marques. Salvador, Instituto do Habitat, 11 nov. 2010.

8. QUIROGA, Fernando Agrasar. Del tipo a la idea (op. cit.).

9. Como colocado no memorial descritivo da obra: "A solução proposta, em pré-fabricado metálico, possibilita a desejável rapidez de construção. Além disso, garante a transferência futura do edifício para outro local sem perdas ou danos dos seus componentes". LIMA, João Filgueiras. In LATORRACA, Giancarlo (Org.). Op. cit., p. 172

10. Idem, ibidem.

11. COSTA, Lúcio. *Arquitetura*, p. 22-23.

12. Sobre os edifícios no centro histórico de Salvador, ver: PESSOA, José; PICCIANATO, Giorgio. *Atlas de centro históricos do Brasil*, p. 31-32.

13. Idem, ibidem, p. 32.

14. A canção, de Fricote de Luiz Caldas e Paulinho Camafeu, dizia: "Nega do duro / Que não gosta de pentear / Quando passa na baixa do tubo / O Negão começa a gritar". Baixa do Tubo é um bairro pobre de Salvador.

15. LIMA, João Filgueiras. Depoimento a André Marques (op. cit.).

16. CORDIVIOLA, Chango. Prefeitura de Salvador: o passado no futuro e o presente no passado.

17. Idem, ibidem.

18. LIMA, João Filgueiras. Depoimento.

19. HORSCHUTZ, Alessandra. E se não tivéssemos o Palácio Thomé de Souza?

20. Sobre o pensamento de Le Corbusier, ver a revista *L'Espirit Nouveau* (1917-1926).

21. MONNIER, Gerard. O olhar do estrangeiro.

22. Texto original: "The Carré d'Art shows how a building project, backed by an enlightened political initiative, can not only encourage a dialogue between ancient and modern architectures but can also provide a powerful catalyst for reinvigorating the social and physical fabric of a city. The challenge was to relate the new to the old, but at the same time to create a building that represented its own age with integrity". Disponível in: <http://www.fosterandpartners.com/Projects/0344/Default.aspx>.

23. GUIMARÃES, Ana Gabriella Lima. Op. cit., p. 130.

24. Até 2008, as modificações foram: colocação de película refletiva nos vidros; pintura da estrutura na cor preta; ocupação do rés do chão. Em 2010 houve uma nova reforma: foram tiradas as construções no rés do chão e a estrutura foi novamente pintada, agora de cor branca.

25. LIMA, João Filgueiras. *Arquitetura. Uma experiência na área de saúde*, p. 61-64.

26. Espaço e construção racionalizados em hospital, p. 138-139.

27. FIGUEROLA, Valentina N. Razão, sensibilidade e maestria.

OBSERVAÇÕES À GUISA DE CONCLUSÕES

EM RETROSPECTO, O LIVRO DE ANDRÉ MARQUES TEM DOIS EIXOS PRINCIPAIS ASSOCIADOS A DUAS PERSONALIDADES MARCANTES, MAS MUITO DIVERSAS: DE UM LADO JEAN PROUVÉ (1901-1984), CONSTRUTOR FRANCÊS COM O QUAL JOÃO FILGUEIRAS LIMA (1932-2014), O LELÉ, TEM EM COMUM A LÓGICA DA INDUSTRIALIZAÇÃO DE COMPONENTES LEVES, RACIONALMENTE concebidos e produzidos nas diversas fábricas que organizou. De outro, Richard Neutra (1892-1970), arquiteto austríaco radicado nos Estados Unidos, cuja obra em Porto Rico, na década de 1940, é para João Filgueiras Lima a conexão com o meio ambiente e os jardins tropicais de suas melhores obras.

Jean Prouvé cresceu em um ambiente artístico notável. Seu pai, Victor Prouvé (1858-1943) pintor, escultor e gravador, participou do movimento Art Nouveau conhecido como a Escola de Nancy. Jean era muito unido a seu pai e foi educado na cultura desse grupo artístico, que aspirava colocar a arte ao alcance de todos, associando-a à indústria, combinando objetivos sociais e criatividade. Jean sempre afirmou ser um "homem de fábrica", que supõe trabalhar em contato com a execução. "Dominar a execução era necessário, pois constituía seu *outil de travail*, sua ferramenta de trabalho. Dominar a matéria e a execução era o que lhe permitia criar", no testemunho de sua filha Catherine Prouvé.[1]

Em mais de trinta anos passou de uma pequena oficina, que executava peças de ferro forjado, para uma grande fábrica em Maxéville, próxima a Nancy, com mais de duzentos operários e máquinas modernas. Durante esses anos, utilizando sobretudo chapas de aço dobradas formando perfis leves, mas muito resistentes, realizou obras excepcionais, como a sede do

Aero Clube Roland Garros, em Buc, ou a Casa do Povo, em Clichy, hoje patrimônio histórico francês, em colaboração com os arquitetos Eugène Beaudouin e Marcel Lods. A escassez de aço durante a Segunda Guerra Mundial e seu interesse pela leveza dos componentes levaram Prouvé a interessar-se pelo alumínio e se associar à empresa Aluminium Français, que, progressivamente, adquiriu o controle da fábrica de Maxéville. Prouvé, a partir de então, se tornará um consultor, trabalhando a princípio para a Companhia Industrial do Material de Transporte – Cimt, em Paris, desenvolvendo, sobretudo, fachadas cortinas, e a partir de 1968, como consultor independente. Uma de suas últimas realizações em Paris foram as fachadas para a sede do Partido Comunista Francês, projeto de Oscar Niemayer.

Para Jean Prouvé, a industrialização da construção deveria ser simples e direta, pois "minhas casas são muito simples, porque acredito que só se pode fazer a industrialização com o mínimo de peças. Se houver peças demais, não funciona. Parafusos, cavilhas e pinos são acessórios a proscrever". E mais adiante, reforçando a ideia de componentes leves, que fossem montados sem necessidade de gruas ou equipamentos pesados e, sobretudo, a necessidade de conceber o projeto e a obra de forma integrada afirmou: "Muito rapidamente compreendi que não era possível fazer nada de bom, porque o processo entre a criação e a execução era ruim. Este é um dos grandes males dos escritórios de arquitetura; eles não têm controle da situação".[2]

A crítica da arquitetura, cuja ênfase é a forma, tornando o arquiteto um escultor, e não um construtor, na melhor das hipóteses, um artesão individualista, como Prouvé avaliava a obra de Le Corbusier, aproximava Jean Prouvé a João Filgueiras Lima. Para ambos, o controle total da obra, da concepção à produção dos componentes, é a única maneira de conseguir uma obra racional, econômica, lógica e, sobretudo, adequada ao nível da tecnologia disponível. Para Lelé, no entanto, a tecnologia disponível no Brasil era socialmente inaceitável, pois "as firmas construtoras, enquanto puderem explorar o trabalho de um servente mal pago, subnutrido, elas não precisam industrializar nem racionalizar a construção".[3]

PROUVÉ EM SUA OFICINA EM NANCY E JOÃO FILGUEIRAS LIMA EM SUAS DIVERSAS FÁBRICAS DE COMPONENTES BUSCAM UMA INDUSTRIALIZAÇÃO DE CICLO FECHADO,

isto é, a execução de uma obra completa com seus próprios meios e equipamentos. Para ambos, essa solução era vantajosa, e a industrialização de ciclo aberto, isto é, a montagem de um edifício completo pela junção de componentes produzidos por diferentes fabricantes, não era viável.

Essa postura é examinada com grande clareza no livro, mais uma vez contrapondo o pensamento de Prouvé com o de Lelé: Prouvé fala das limitações de um sistema aberto por não haver uma unidade, que constrói um todo, pois, para ele, cada parte da obra, cada detalhe está relacionado à proposta estrutural do projeto. Prouvé critica a arquitetura de catálogo norte-americana: "Só nos Estados Unidos é possível construir escolhendo elementos de construção por catálogo. É uma arquitetura abominável". E mais adiante: "Minha proposta era diferente. Para mim, é sempre necessário propor um conjunto, e não um pedaço. A minha ideia era que se devia propor coisas completas, do mesmo modo que fabricantes de geladeiras ou de automóveis fabricam um objeto completo. Todos os elementos que constituem são em princípio coerentes entre si, se harmonizam e se ajustam".[4] Para João Filgueiras Lima, a possibilidade de uma industrialização de ciclo aberto não é compatível com o desenvolvimento da indústria brasileira. Seu argumento é que "o poder da indústria é tão forte que os arquitetos vão ficar sempre a reboque. Nosso grande problema, como arquitetos, é determinar a interação entre esses produtos".[5] E dá um exemplo: "A indústria está muito na frente e impõe tecnologia. Veja só: minha modulação aqui é de 62,5 centímetros por 62,5 centímetros. Se eu pedir ao fabricante do porcelanato, ele, quando muito, consegue produzir peças de 50 centímetros por 50 centímetros, com folgas que eu preciso conseguir modulá-las a cada 2,5 metros. Se eu conseguir um módulo que se ajuste na construção, tenho economia. Senão, tenho desperdício fatalmente. Por isso acabamos fabricando tudo [...]. Nada interage com nada na construção civil no Brasil... zero!".[6]

Se as preocupações de Jean Prouvé que datam dos anos 1930-1940 e começo dos 1950, construídas com chapas dobradas e montadas à mão, antecedem à organização do Mercado Comum Europeu, a coordenação modular e a industrialização de ciclo aberto, as obras de João Filgueiras Lima são mais recentes, nas quais, porém, não se nota a busca de uma racionalização amparada na coordenação modular. A postura é estática e fechada, sempre dependendo de uma demanda do Estado: "Para ter uma construtora que invista numa fábrica de escolas, é preciso que o Estado garanta a compra de toda a produção, pois ninguém pode montar uma fábrica como essa para depois ouvir: *agora não vou mais construir escolas, não quero mais essas pré-fabricadas, quero diferente*".[7] Fica claro que numa industrialização de ciclo aberto, a mudança, o diferente é perfeitamente normal e faz parte da evolução natural da tecnologia, tanto do ponto de vista do processo industrial, como do econômico.

Se nos anos posteriores à criação do Banco Nacional de Habitação – BNH o governo brasileiro não implantou, como era lógico, nem sistemas de ciclo fechado, nem de ciclo aberto, optando por uma política de pleno emprego, às custas de uma construção artesanal, de baixa qualidade e de muitos desperdícios, isto não explica por que Lelé continuou até muito recentemente a propor uma arquitetura baseada em projetos de ciclo fechado. Se as obras por ele produzidas, como, por exemplo, o hospital da rede Sarah de Salvador, são magníficas, elas se devem à capacidade inventiva extraordinária de João Filgueiras Lima, e não à retaguarda industrial implantada em Salvador.

JÁ O SEGUNDO EIXO QUE O AUTOR APRESENTA, ISTO É, A RELAÇÃO DE LELÉ COM A OBRA DE RICHARD NEUTRA, É MAIS DIRETA, SIMPLES E INQUESTIONÁVEL.

Richard Neutra estudou arquitetura na Universidade Técnica de Viena, onde nasceu, formando-se em 1918. Emigrou para os Estados Unidos em 1923, trabalhando por um breve período com Frank Lloyd Wright. Em 1925 mudou-se para a

Califórnia e, associado a Rudolph Schindler, desenvolveu uma carreira extensa e muito publicada. Mas a relação com João Filgueiras Lima deve-se sobretudo ao trabalho desenvolvido em Porto Rico, que se tornara mais um Estado norte-americano, entre 1943 e 1945. Dessa experiência foi publicado em 1948 um livro muito influente no Brasil: *Arquitetura social em países de clima quente.*[8] A importância dessa publicação reside nos projetos detalhadamente apresentados para escolas rurais e centros sociais em regiões de clima ameno, escolas em pequenas cidades, centros comunitários, escolas urbanas. Estas são mostradas com grande atenção para seus componentes, como sanitários para alunos e professores; refeitórios e seus mobiliários; sala para artes industriais e seu mobiliário; sala para ciências naturais e seu mobiliário; sala para economia doméstica e seu equipamento. Os centros de saúde são igualmente estudados, seja por tamanho, seja por complexidade, chegando até a hospitais gerais de quinhentos, seiscentos leitos. Os esquemas de organização, por exemplo, de uma clínica de obstetrícia, são didáticos, claros e objetivos. Esses esquemas detalhados e didáticos foram muito influentes, sobretudo porque havia poucas publicações tão bem apresentadas, com detalhes e perspectivas esclarecedoras. No livro o capítulo "Cortiços e habitações coletivas em países de clima quente" contém recomendações ainda hoje válidas. O trabalho foi muito influente ao longo dos anos 1950 e desempenhou um papel significativo no planejamento escolar no Brasil.

A preocupação de João Filgueiras Lima com uma arquitetura bioclimática, isto é, na qual os aspectos de proteção solar, que resultam em baixo consumo energético ou no aproveitamento da brisa marítima para tornar as enfermarias saudáveis, sem ar-condicionado, como nos projetos da rede Sarah, são exemplos de sua postura.

Todas as propostas feitas por Neutra enfatizam a relação interior-exterior. As escolas primárias têm grandes portas basculantes, que conectam a sala de aula com pátios externos, onde é possível ter aulas ao ar livre. A integração franca entre os espaços internos e externos foi utilizada por João Filgueiras Lima em inúmeros projetos, formando parte dos conceitos básicos dos hospitais da Rede Sarah.[9] Esses jardins permitem técnicas de tratamento ao ar livre como preceitos estabelecidos por seus idealizadores, o dr. Aloysio Campos da Paz Júnior e Eduardo de Mello Kertész. "Os hospitais de Lelé, ao contrário dos espaços constrangedores de sofrimento, tornaram-se locais amenos, generosos, ricos em volumes e cores: a própria expressão e sentido da palavra reabilitação".[10]

POSFÁCIO _____

NOTAS

1. PROUVÉ, Catherine. Trayectorias: un relato biográfico, p. 26.

2. PROUVÉ, Jean. In LAVALOU, Armelle (Org.). Op. cit., p. 68.

3. Depoimento de João Filgueiras Lima. In GUIMARAENS, Cêça de et al (Org.). Op. cit., p. 243.

4. PROUVÉ, Jean. n LAVALOU, Armelle (Org.). Op. cit., p. 38.

5. MENDONÇA, Adriano Carneiro de. João Filgueiras Lima [Lelé].

6. Idem, ibidem.

7. SIMÕES, Benê. A serviço do bem e do mal: entrevista com João Filgueiras Lima, p. 21.

8. NEUTRA, Richard. *Arquitetura social em países de clima quente.*

9. PAZ, Aloysio Campos. In LIMA, João Filgueiras. *CTRS: Centro de Tecnologia da Rede Sarah* (op. cit.), p. 6.

10. Idem, ibidem, p. 7.

BIBLIOGRAFIA

ÁBALOS, Iñaki. *A boa-vida: visita guiada as casas da modernidade*. Barcelona, Gustavo Gili, 2003.

AFLALO, Marcelo (Org.). *Madeira como estrutura. A historia da ITA*. São Paulo, Paralaxe, 2005.

AMADO, Antonio. *Voiture Minimum: Le Corbusier and the Automobile*. Londres, The MIT Press, 2011.

ARANTES, Pedro Fiori. *Arquitetura Nova – Sérgio Ferro, Flávio Império e Rodrigo Lefévre, de Artigas aos mutirões*. São Paulo, Editora 34, 2002.

ARGAN, Giulio Carlo. *Walter Gropius e a Bauhaus*. Lisboa, Presença, 1984.

BANHAM, Reyner. *Teoria e projeto na primeira era da máquina*. São Paulo, Perspectiva, 1979.

BEHLING, Stefan; BEHLING, Sophia. *Sol Power. La Evolución de la Arquitectura Sostenible*. Bacelona, Gustavo Gili, 2002.

BENEVOLO, Leonardo. *Historia de la Arquitectura Moderna*. Barcelona, Gustavo Gili, 1974.

BOGÉA, Marta. *Cidade errante: arquitetura em movimento*. São Paulo, Senac, 2009.

BRUAND, Yves. *Arquitetura contemporânea no Brasil*. São Paulo, Perspectiva, 1981.

BRUNA, Paulo Júlio Valentino. *Arquitetura, industrialização e desenvolvimento*. São Paulo, Perspectiva, 1976.

BRUNA, Paulo Júlio Valentino. *Os primeiros arquitetos modernos: habitação social no Brasil 1930-1950*. São Paulo. Edusp, 2010.

BUCHANAN, Peter. *Renzo Piano Building Workshop: Complete Works*. Volume 1. Londres, Phaidon, 1993.

Buckminster Fuller 1895-1983. *AV Monografias*, n. 143, Madri, mai./jun. 2010.

BUITONI, Cássia Schroeder. *Mayumi Watanabe Souza Lima: a construção do espaço para a educação*. Orientadora Vera Maria Pallamin. Dissertação de mestrado. São Paulo, FAU USP, 2009.

CANTALICE II, Aristóteles de Siqueira Campos. *Descomplicando a tectônica: três arquitetos e uma abordagem*. Orientador Fernando Diniz Moreira. Coorientador Joaquim Carlos Pinto de Almeida (Universidade de Coimbra). Tese de doutorado. Recife, PPDU UFPE, 2015 <https://bit.ly/35PAcAh>.

Casas de Maestros / House of Masters. *AV Monografias*, n. 132, Madri, jul./ago. 2008.

CASTRO, Ruy. *Chega de saudade: a história e as histórias da Bossa Nova*. São Paulo, Companhia das Letras, 1990.

CERVER, Francisco Asensio. *Atlas de Arquitectura Actual*. Colonia, Konemann, 2005.

COBBERS, Arnt. *Breuer 1902-1981: criador da forma do século vinte*. Colonia, Taschen, 2009.

COMAS, Carlos Eduardo; CANEZ, Anna Paula Moura; BOHRER, Glênio Vianna. *Arquiteturas cisplatinas. Roman Fresnedo Siri e Eladio Dieste em Porto Alegre*. Porto Alegre. Editora UniRitter, 2004.

CORDIVIOLA, Chango. Prefeitura de Salvador: o passado no futuro e o presente no passado. *Arquitextos*, São Paulo, ano 06, n. 062.07, Vitruvius, jul. 2005 <https://bit.ly/2G8DMdN>.

CORONA, Eduardo; LEMOS, Carlos. *Dicionário da arquitetura brasileira*. 2ª edição. São Paulo, Romano Guerra, 2017.

COSTA, Elisa Maria. Sérgio Bernardes e João Filgueiras Lima (Lelé). *Drops*, São Paulo, n. 10.030, Vitruvius, jan. 2010 <https://bit.ly/301lmTs>.

COSTA, Lúcio. *Arquitetura*. Rio de Janeiro, José Olympio, 2006.

COSTA, Lúcio. *Lúcio Costa: registro de uma vivência*. São Paulo, Empresa das Artes, 1995.

COSTA, Maria Elisa (Org.). *Com a palavra, Lúcio Costa*. Rio de Janeiro, Aeroplano, 1999.

CRITELLI, Fernanda. *Richard Neutra e o Brasil*. Orientador Abilio Guerra. Dissertação de mestrado. São Paulo, FAU Mackenzie, 2015 <https://bit.ly/35WqWdA>.

CRITELLI, Fernanda. *Richard Neutra no Brasil*. Orientador Abilio Guerra. Monografia de iniciação científica. São Paulo, FAU Mackenzie, 2012.

CRITELLI, Fernanda. *Richard Neutra: conexões latino-americanas*. Orientador Abilio Guerra. Tese de doutorado. São Paulo, FAU Mackenzie, 2020.

DANELON, Fernanda; WERNECK, Guilherme. Esse é Lelé. *Trip*, n. 185, São Paulo, fev. 2010, p. 6-16.

DAVIES, Colin. *British Pavilion, Seville Exposition 1992: Nicholas Grimshaw and Partners*. Londres, Phaidon, 1993.

BIBLIOGRAFIA _____

DUARTE, Fábio. *Arquitetura e tecnologia de informação: da revolução industrial à revolução digital*. Campinas, Editora Unicamp, 1999.

EKERMAN, Sérgio Kopinski. *Tecnologia e transformação: pré-fabricação para reestruturação de bairros populares e assistência técnica à autoconstrução*. Orientadores Naia Alban Suarez e Nivaldo Vieira de Andrade Junior. Tese de doutorado. Salvador, FA UFBA, 2018 <https://bit.ly/3kzmx4l>.

EKERMAN, Sergio Kopinski. Um quebra-cabeça chamado Lelé. *Arquitextos*, São Paulo, ano 06, n. 064.03, Vitruvius, set. 2005 <https://bit.ly/3052va5>.

Espaço e construção racionalizados em hospital. *Projeto*, n. 104, São Paulo, out. 1987, p. 138-139.

ESPALLARGAS GIMENES, Luis. Pós-modernismo, arquitetura e tropicália. In GUERRA, Abilio (Org.). *Textos fundamentais sobre historia da arquitetura moderna brasileira – parte 1*. São Paulo, Romano Guerra, 2010, p. 35-62.

ETTINGER, Catherine R. *Richard Neutra en América Latina: Una Mirada desde el Sur*. Cidade do México, Arquitônica, 2018.

FANUCCI, Francisco; FERRAZ, Marcelo Carvalho. *Francisco Fanucci, Marcelo Ferraz: Brasil Arquitetura*. São Paulo, Cosac Naify, 2005.

FERNÁNDEZ-GALIANO, Luis; FOSTER, Norman. Bucky Fuller & Spaceship Earth. *AV monografias*, n. 143, Madri, mai./jun. 2010, p. 3 <https://bit.ly/365wD98>.

FERRAZ, Marcelo Carvalho. *Arquitetura conversável*. Rio de Janeiro, Azougue, 2011.

FERREIRA, Avany de Francisco; MELLO, Mirela Geiger (Org.). *Arquitetura escolar paulista: estruturas pré-fabricadas*. São Paulo, FDE, 2006.

FERRO, Sérgio. O canteiro e o desenho. In FERRO, Sérgio. *Arquitetura e trabalho livre*. São Paulo, Cosac Naify, 2006.

FERRONI, Eduardo Rocha. *Aproximações sobre a obra de Salvador Candia*. Orientadora Regina Maria Prosperi Meyer. Dissertação de mestrado. São Paulo, FAU USP, 2008 <https://bit.ly/33OZL1C>.

FIGUEROLA, Valentina N. Razão, sensibilidade e maestria. Número especial João Filgueiras Lima. *AU – Arquitetura e Urbanismo*, n. 175, São Paulo, out. 2008, p. 34-41.

FOSTER, Norman; RAUTERBERG, Hanno. *Entrevistas com arquitetos*. Rio de Janeiro, Vianna & Mosley, 2008.

FOSTER, Norman. *Catalogue: Foster+Partners*. Londres, Prestel, 2008.

FUTAGAWA, Yukio (Org.). *School – volume 6*. Tóquio, GA – Contemporary Architecture, 2010.

GAUZIN-MÜLLER, Dominique. *Arquitetura ecológica*. São Paulo, Senac, 2011.

GUERRA, Abilio; CRITELLI, Fernanda. Richard Neutra e o Brasil. *Arquitextos*, São Paulo, ano 14, n. 159.00, Vitruvius, ago. 2013 <https://bit.ly/35Se1t7>.

GUERRA, Abilio; MARQUES, André. João Filgueiras Lima, Ecologia e Razionalità / João Filgueiras Lima, Ecology and Rationality. *Paesaggio*

BIBLIOGRAFIA _____

Urbano / Urban Design, vol. IV, Ferrara, 2014, p. IV-XIII. Republicações: GUERRA, Abilio; MARQUES, André. João Filgueiras Lima, ecologia e racionalização. *Arquitextos*, São Paulo, ano 16, n. 181.03, Vitruvius, jun. 2015 <https://bit.ly/3hLC27p>; GUERRA, Abilio; MARQUES, André. João Filgueiras Lima, ecologia e racionalização. In GUERRA, Abilio. *Arquitetura e natureza*. São Paulo, Romano Guerra, 2017, p. 198-217.

GUERRA, Abilio. *Arquitetura brasileira: viver na floresta*. Catálogo de exposição. São Paulo, Instituto Tomie Ohtake, 2010.

GUERRA, Abilio. *Lúcio Costa – modernidade e tradição. Montagem discursiva da arquitetura moderna brasileira*. Orientadora Maria Stella Martins Bresciani. Tese de doutorado. Campinas, IFCH Unicamp, 2002.

GUERRA, Abilio. Monografia sobre Salvador Candia e a necessidade de um diálogo acadêmico. *Resenhas Online*, São Paulo, ano 07, n. 078.03, Vitruvius, jun. 2008 <https://bit.ly/32MCtdn>.

GUERRA, Abilio. O brutalismo paulista no contexto paranaense. A arquitetura do escritório Forte Gandolfi. *Resenhas Online*, São Paulo, n. 09.106, Vitruvius, out 2010 <https://bit.ly/3mKudTj>.

GUIMARAENS, Cêça de; et al (Org.). *Arquitetura brasileira após Brasília / Depoimentos Edgar Graeff, Flávio Marinho Rêgo, Joaquim Guedes e João Filgueiras Lima*. Volume 2. Rio de Janeiro, IAB-RJ, 1978.

GUIMARÃES, Ana Gabriella Lima. *A obra de João Filgueiras Lima no contexto da cultura arquitetônica contemporânea*. Orientador Hugo Segawa. Tese de doutorado. São Paulo, FAU USP, 2010 <https://bit.ly/32NLWBu>.

GUIMARÃES, Ana Gabriella Lima. *João Filgueiras Lima: o último dos modernistas*. Orientador Hugo Segawa. Dissertação de mestrado. São Carlos, EESC USP, 2003.

HARVEY, David. *Condição pós-moderna*. São Paulo, Loyola, 2002.

HORSCHUTZ, Alessandra. E se não tivéssemos o Palácio Thomé de Souza? *Arquitextos*, São Paulo, ano 06, n. 070.06, Vitruvius, mar. 2006 <https://bit.ly/366cu2L>.

Industry Builds. From Andalusia to Antarctica, Six Off-site Case Studies. *Arquitectura Viva*, n. 156, Madri, out. 2013.

IRIGOYEN DE TOUCEDA, Adriana Marta. *Da Califórnia a São Paulo*. Orientador Paulo Bruna. Tese de doutorado. São Paulo, FAU USP, 2005.

Jean Prouvé (1901-1984). *AV Monografias*, n.149, Madri, mai./jun. 2011.

JENCKS, Charles. *Late-Modern Architecture and Other Essays*. Londres, Academy, 1980.

JENKINS, David. *Financial Times Print Works: Nicholas Grimshaw and Partners*. Londres, Phaidon, 1994.

JODIDIO, Philip. *Calatrava: Complete Works 1979-2009*. Colonia, Taschen, 2009.

JODIDIO, Philip. *UK: Architecture in the United Kingdom*. Colonia, Taschen, 2006.

KOPP, Anatole. *Quando o moderno não era um estilo e sim uma causa*. São Paulo, Nobel, 1990.

BIBLIOGRAFIA _____

KOURY, Ana Paula. *Arquitetura construtiva: proposição para a produção material da arquitetura contemporânea no Brasil*. Orientador Nestor Goulart Reis Filho. Tese de doutorado. São Paulo, FAU USP, 2005 <https://bit.ly/2FUsx9f>.

KOURY, Ana Paula. *Grupo Arquitetura Nova. Flávio Império, Rodrigo Lefèvre e Sérgio Ferro*. São Paulo, Romano Guerra, 2003.

LAMPRECHT, Barbara. *Richard Neutra: Complete Works*. Colonia, Taschen, 2000.

Latin America 2010. *AV Monografías*, n. 138, Madri, jul./ago. 2011.

LATORRACA, Giancarlo (Org.). *João Filgueiras Lima, Lelé*. Série Arquitetos Brasileiros. São Paulo, Blau/Instituto Bardi, 2000.

LAVALOU, Armelle (Org.). *Conversas com Jean Prouvé*. Barcelona, Gustavo Gili, 2005.

LEAL, Ledy Valporto. Hospital Sarah Kubitschek Salvador: sintonia da técnica com a criação. *AU – Arquitetura e Urbanismo*, n. 54, São Paulo, jun./jul. 1994, p. 52-54.

LEAL, Ledy Valporto. Técnica e arte a serviço da cura. Número especial João Filgueiras Lima. *AU – Arquitetura e Urbanismo*, n. 175, São Paulo, out. 2008, p. 48-53.

LEFÈVRE, Rodrigo. *Projeto de um acampamento de obra: uma utopia*. Dissertação de mestrado. São Paulo, FAU USP, 1981.

LIMA, João Filgueiras. *Arquitetura. Uma experiência na área de saúde*. São Paulo, Romano Guerra, 2012.

LIMA, João Filgueiras. *CTRS: Centro de Tecnologia da Rede Sarah*. São Paulo, ProLivros, 1999.

LIMA, João Filgueiras. Depoimento Entre. Disponivel in <https://bit.ly/302X8lp>.

LIMA, João Filgueiras. Depoimento. In WEINSTEIN, Mary. Instituto quer o Thomé de Souza de pé. *A Tarde*, Salvador, 16 abr. 2005.

LIMA, João Filgueiras. *Escola Transitória: modelo rural*. Brasilia, MEC, 1984 <https://bit.ly/2RWRCTa>.

LIMA, João Filgueiras. *O que é ser arquiteto: memórias profissionais de Lelé (João Filgueiras Lima); em depoimento a Cynara Menezes*. Rio de Janeiro, Record, 2004.

LIMA, João Filgueiras. Palestra. Fortaleza, *I Seminário Nordeste de Arquitetura*, 26 out. 1999 <https://bit.ly/3cul4bB>.

LOBO, Maria da Silveira; SEGRE, Roberto (Org.). *Congresso Internacional Extraordinário de Criticos de Arte. Cidade nova: sintese das artes*. Rio de Janeiro, Docomomo-Rio/FAU UFRJ, 2009.

LOUREIRO, Claudia; AMORIM, Luiz. Por uma arquitetura social: a influência de Richard Neutra em prédios escolares no Brasil. *Arquitextos*, São Paulo, ano 02, n. 020.03, Vitruvius, jan. 2002 <https://bit.ly/2RGyx7X>.

LUKIANTCHUKI, Marieli Azoia. *A evolução das estratégias de conforto térmico e ventilação natural na obra de João Filgueiras Lima, Lelé: Hospitais Sarah de Salvador e do Rio de Janeiro*. Orientadora Rosana Maria Caram. Dissertação de mestrado. São Carlos, EESC USP, 2010.

BIBLIOGRAFIA _____

LUKIANTCHUKI, Marieli Azoia; CARAM, Rosana Maria; LABAKI, Luci-la Chebel. A arquitetura bioclimática e a obra de João Filgueiras Lima (Lelé). In KOWALTOWSKI, Doris K.; MOREIRA, Daniel de Carvalho; PETRECHE, João R. D.; FABRÍCIO, Márcio M. *O processo de projeto em arquitetura*. São Paulo, Oficina de Textos/Fapesp, 2011, p. 336-348.

MARQUES, André Felipe R. *Aldary Toledo: entre arte e arquitetura*. Orientador Abilio Guerra. Tese de doutorado. São Paulo, FAU Macken-zie, 2018 <https://bit.ly/2FY5rOS>.

MARQUES, André Felipe Rocha. *A obra de João Filgueiras Lima, Lelé: projeto, técnica e racionalização*. Orientador Abilio Guerra. Dissertação de mestrado. São Paulo, FAU Mackenzie, 2012 <https://bit.ly/3iRHRl6>.

MARQUES, André Felipe Rocha. *A obra de João Filgueiras Lima, Lelé: projeto, técnica e racionalização*. Orientador Abilio Guerra. Memorial de qualificação de mestrado. São Paulo, FAU Mackenzie, 2011.

MARQUES, André. BACS Ribeirão Preto. Obras do arquiteto João Fil-gueiras Lima, Lelé. *Drops*, São Paulo, ano 11, n. 037.02, Vitruvius, out. 2010 <https://bit.ly/3mPdY7F>.

MARQUES, André. João Filgueiras Lima – Lelé. Série Mestres da Arqui-tetura Brasileira. *Rabiscos*, Vitruvius <https://bit.ly/368eA2l>.

MARQUES, André. Lembranças de meu último encontro com Lelé. *Drops*, São Paulo, ano 14, n. 080.05, Vitruvius, mai. 2014 <https://bit.ly/2FLLA5H>

MARQUES, André. Sede transitória da Prefeitura de Salvador. Aspectos da racionalização e contexto histórico. *Minha Cidade*, São Paulo, ano 12, n. 139.02, Vitruvius, fev. 2012 <https://bit.ly/3iPdhsu>.

MENDONÇA, Adriano Carneiro de. João Filgueiras Lima [Lelé]. *Entre*, Rio de Janeiro, 18 jan. 2007 <https://bit.ly/32XbFYf>.

MINDLIN, Henrique E. *Arquitetura moderna no Brasil*. Rio de Janeiro, Aeroplano, 2000.

MIYASAKA, Elza Luli; FERRARI-CAIXETA, Michele C. B.; MINTO-FABRÍCIO, Marcio. Arquitectura e Industrialización de la Construcción en la Obra de João Filgueiras Lima – Lelé. *Revista de Arquitectura*, v. 18, n. 1, Bogotá, jan./jun. 2016, p. 56-66 <https://bit.ly/3iPoJV0>.

MONNIER, Gerard. O olhar do estrangeiro. *Óculum*, n. 4, Campinas, nov. 1993, p. 6-15.

MONTANER, Josep Maria. *Depois do movimento moderno: arquitetura da segunda metade do século XX*. Barcelona, Gustavo Gili, 2001.

MONTEIRO, Jorge Isaac Perén. *Ventilação e iluminação naturais na obra de João Filgueiras Lima, Lelé: estudo dos hospitais da Rede Sarah Kubitschek Fortaleza e Rio de Janeiro*. Orientadora Rosana Maria Caram de Assis. Dissertação de mestrado. São Carlos, EESC USP, 2006 <https://bit.ly/3j1mXQH>.

MONTEZUMA, Roberto (Org.). *Arquitetura Brasil 500 Anos. O espaço integrador*. Recife, Editora UFPE, 2008.

MONTEZUMA, Roberto (Org.). *Arquitetura Brasil 500 Anos. Uma invenção recíproca*. Recife, Editora UFPE, 2002.

BIBLIOGRAFIA _____

NEUTRA, Richard. *Arquitetura social em países de clima quente*. São Paulo, Gerth Todtmann, 1948.

NIEMEYER, Oscar. *Minha arquitetura 1937-2004*. Rio de Janeiro, Revan, 2004.

NIEMEYER, Oscar. Problemas da arquitetura 4: o pré-fabricado e a arquitetura. *Módulo*, n. 53, Rio de Janeiro, mar./abr. 1979, p. 56-59.

PAZ, Daniel J. Mellado. Lele's update. A apropriação da arquitetura como tecnologia e algumas reflexões sobre o tema – parte 1. *Arquitextos*, São Paulo, ano 07, n. 074.07, Vitruvius, jul. 2006 <https://bit.ly/3kIt9xl>.

PAZ, Daniel Juracy Mellado. Um sonho de unidade: João Filgueiras Lima e sua Gesamtkunstwerk. *Revista Projetar*, v. 2, n. 1, abr. 2017, p. 103-119 <https://bit.ly/3j4MoRD>.

PEIXOTO, Elaine Ribeiro. *Lelé: o arquiteto João da Gama Filgueiras Lima*. Orientador Júlio Roberto Katinsky. Dissertação de mestrado. São Paulo, FAU USP, 1996.

PERÉN MONTERO, Jorge Isaac. *Ventilação e iluminação naturais na obra de João Filgueiras Lima, Lelé: estudo dos hospitais da rede Sarah Kubitschek – Fortaleza e Rio de Janeiro*. Orientadora Rosana Maria Caram de Assis. Dissertação de mestrado. São Carlos, EESC USP, 2006 <https://bit.ly/3hV9E36>.

PESSOA, José; PICCIANATO, Giorgio. *Atlas de centro históricos do Brasil*. Rio de Janeiro, Casa da Palavra, 2007.

PORTO, Claudia Estrela. *As casas dos amigos. Olhares: visões sobre a obra de João Filgueiras Lima*. Brasília, Editora UnB, 2010.

POWELL, Kenneth. *Richard Rogers: Architecture of the Future*. Basel/Boston, Birkhäuser. 2006.

PROUVÉ, Catherine. Trayectorias: Un Relato Biográfico. *AV Monografías*, n. 149, Madri, mai./jun. 2011, p. 26-33.

QUIROGA, Fernando Agrasar. Del Tipo a la Idea. Herramientas Teóricas del Proyecto Arquitectónico Moderno y Contemporáneo. In *Anais do IV Projetar*. São Paulo, Projetar/FAU Mackenzie. 2009.

RAUTERBERG, Hanno. *Entrevistas com arquitetos*. Rio de Janeiro, Vianna & Mosley, 2008.

REBELLO, Yopanan Conrado Pereira; LEITE, Maria Amélia Devitte Ferreira D'Azevedo. Archictekton Lelé: o mestre da arte de construir. *AU – Arquitetura e Urbanismo*, n. 175, São Paulo, out. 2008, p. 72-78.

REBELLO, Yopanan Conrado Pereira; LEITE, Maria Amélia Devitte Ferreira D'Azevedo. O mestre-construtor. In PORTO, Claudia Estrela (Org.). *Olhares: visões sobre a obra de João Filgueiras Lima*. Brasília, Editora UnB, 2010.

RIBEIRO, Darcy. *O livro do Cieps*. Rio de Janeiro, Bloch, 1986.

RIBEIRO, Gislene Passos. *Lelé e a sustentabilidade na arquitetura: estudos de caso de hospitais da Rede Sarah*. Orientador Carlos Leite. Dissertação de mestrado. São Paulo, FAU Mackenzie, 2004.

RIBEIRO, Patricia Pimenta Azevedo. *Teoria e prática: a obra do arquiteto Richard Neutra*. Orientador Adilson Costa Macedo. Tese de doutorado. São Paulo, FAU USP, 2007.

BIBLIOGRAFIA _____

RISSELADA, Max; LATORRACA, Giancarlo. *A arquitetura de Lelé: fábrica e invenção*. Catálogo de exposição. São Paulo, Museu da Casa Brasileira, 2010.

ROGERS, Richard. *Cidades para um pequeno planeta*. Barcelona, Gustavo Gili, 1997.

RONCONI, Reginaldo; DUARTE, Denise. João Filgueiras Lima (Lelé). *Revista da Pós*, n. 21, São Paulo, jun. 2007 <https://bit.ly/2G0HdDA>.

SAFDIE, Moshe. Além do habitat. *Óculum*, n. 7/8, Campinas, jan./dez. 1995, p. 46-55.

SAFDIE, Moshie; WOLIN, Judith. *For Everyone a Garden*. Cambridge, The MIT Press, 1974.

SEGAWA, Hugo. *Arquitectura Latinoamericana Contemporánea*. Barcelona, Gustavo Gili, 2005.

SEGAWA, Hugo. *Arquiteturas no Brasil 1900-1990*. São Paulo, Edusp, 1999.

SEGRE, Roberto. Paolo Soleri. *Entrevista*, São Paulo, n. 02.007.01, Vitruvius, jul. 2001 <https://bit.ly/3hTq9wh>.

SENA, Rodrigo Oliveira; EKERMAN, Sergio Kopinski. O centro histórico de Salvador como laboratório: o restauro do Plano Piloto da Ladeira da Misericórdia. Teorias e práticas de intervenção no moderno. *Anais do 13º Seminário Docomomo Brasil*. Salvador, 7-10 out. 2019 <https://bit.ly/32NFI4v>.

SILVA, Geraldo Gomes da. *Arquitetura do ferro no Brasil*. São Paulo, Nobel, 1986.

SIMÕES, Bené. A serviço do bem e do mal: entrevista com João Filgueiras Lima. *AU – Arquitetura e Urbanismo*, n. 99, São Paulo, abr./mai. 1987, p. 21.

SMITH, Elizabeth A. T. *Case Study House 1945-1966: o ímpeto californiano.* Colonia, Taschen, 2006.

SPIRO, Annete. *Paulo Mendes da Rocha.* Zurique, Niggli, 2002.

STEVENS, Garry. *O círculo privilegiado. Fundamentos sociais da distinção arquitetônica.* Brasília, Editora UnB, 2003.

STROETER, João Rodolfo. *Arquitetura e teorias.* São Paulo, Nobel, 1986.

TOLEDO, Luiz Carlos. *Feitos para cuidar: a arquitetura como um gesto médico e a humanização do edifício hospitalar.* Orientadores Vera Regina Tângari e Antonio Pedro Carvalho. Tese de doutorado. Rio de Janeiro, Proarq UFRJ, 2008.

TOLEDO, Luiz Carlos. *Feitos para curar. Arquitetura hospitalar e processo projetual no Brasil.* Rio de Janeiro, ABDEH, 2006.

TRIGO, Cristina Câncio. *Pré-fabricados em argamassa armada: material, técnica e desenho de componentes desenvolvidos por Lelé.* Orientadora Claudia Terezinha de Andrade Oliveira. Dissertação de mestrado. São Paulo, FAU USP, 2009 <https://bit.ly/363JKYu>.

VALE, Michel Hoog Chaui do. *João Filgueiras Lima (Lelé): arquitetura pública e urbanismo em Salvador (1979-81 e 1986-88).* Orientadora Maria Cristina da Silva Leme. Dissertação de mestrado. São Paulo, FAU USP, 2016 <https://bit.ly/2FZhyLa>.

BIBLIOGRAFIA _____

VALLE, Marco Antonio Alves do. *Desenvolvimento da forma e procedimentos de projeto na arquitetura de Oscar Niemeyer (1935-1998)*. Orientador Sylvio de Barros Sawaya. Tese de doutorado. São Paulo, FAU USP, 2000.

VÁZQUEZ RAMOS, Fernando Guillermo. *Mies van der Rohe (1986-1969)*. São Paulo/Lisboa, Instituto Lina Bo e P. M. Bardi/Blau, 1999.

VILELA, Adalberto. *A casa na obra de João Filgueiras Lima, Lelé*. Orientadora Sylvia Ficher. Dissertação de mestrado. Brasília, FAU UnB, 2012 <https://bit.ly/3cl9Y9V>.

VILELA, Adalberto. *Architecture without Applause. The Manufactured Work of João Filgueiras Lima, Lelé*. Orientador Laurent Stalder. Coorientadores Sylvia Ficher (UnB) e Max Risselada (TU Delft). Tese de doutorado. Zurique, Swiss Federal Institute of Technology, 2018 <https://bit.ly/3chQ9R3>.

VILLAC, Maria Isabel. *Mendes da Rocha*. Barcelona/Lisboa, Gustavo Gili/Blau, 1996.

WESTON, Richard. *Alvar Aalto*. Londres, Phaidon, 1996.

WESTPHAL, Eduardo. *A linguagem da arquitetura hospitalar de João Filgueiras Lima*. Orientador Benamy Turkienicz. Dissertação de mestrado. Porto Alegre, FA UFRGS, 2007 <https://bit.ly/3kAjSHA>.

XAVIER, Alberto (Org.). *Depoimento de uma geração. Arquitetura moderna brasileira*. São Paulo, Pini, 1987.

ZEIN, Ruth Verde. *A arquitetura da escola paulista brutalista 1953-1973*. Orientador Carlos Eduardo Dias Comas. Tese de doutorado. Porto Alegre, UFRGS, 2005 <https://bit.ly/33X9zXk>.

AGRADECIMENTOS
Adalberto Vilela, Adriana Rabello Filgueiras Lima, Ana Amélia
Monteiro, Antonio Gil Andrade, Celso Brando, Dina Uliana, Luiz Carlos
Toledo, Marieli Lukiantchuki, Nelson Kon, Newton Barcellar, Percival
Deimann

A pesquisa que deu base ao livro recebeu recurso do
Mackpesquisa.

SOBRE O AUTOR
André Marques Arquiteto (USJT, 2003), com especialização em Conforto Ambiental
e Eficiência Energética (Fupam, FAU USP, 2006). Mestre e doutor em Arquitetura
e Urbanismo (FAU Mackenzie, 2012 e 2018). Professor de tecnologia e projeto de
arquitetura na Universidade São Judas. De 2003 a 2010, trabalhou como arquiteto
e designer industrial na Comparco Indústria e Comércio de Componentes para Ar
Condicionado. Coautor do capítulo "João Filgueiras Lima, ecologia e racionalização",
publicado no livro *Arquitetura e natureza* (de Abilio Guerra, Romano Guerra, 2017, Cica
Awards 2017).

Marques, André

Lelé: diálogos com Neutra e Prouvé – André Marques; prefácio Abilio Guerra; posfácio Paulo Bruna. – São Paulo: Romano Guerra : Austin: Nhamerica Platform, 2020.

256 p., il. (Pensamento da América Latina, v.6)

Bibliografia.

ISBN - 978-65-87205-08-3 (Romano Guerra)
ISBN - 978-1-946070-30-2 (Nhamerica Platform)

1.Arquitetos – Brasil 2. Arquitetura moderna – Século 20 – Brasil 3. Lima, João Filgueiras – Lelé 1932-2014 4. Prouvé, Jean 1901-1984 5. Neutra, Richard, 1892-1970 I. Guerra, Abilio II. Bruna, Paulo III. Título

CDD – 724.981

Dina Elisabete Uliana – CRB-8/3760

Edição traduzida para o inglês *Lelé: Dialogues with Neutra and Prouvé*, André Marques, 2020
ISBN: 978-65-87205-10-6 (Romano Guerra)
ISBN: 978-1-946070-33-3 (Nhamerica Platform)

Formato ebook
Lelé: diálogos com Neutra e Prouvé
ISBN: 978-65-87205-09-0 (Romano Guerra)
ISBN: 978-1-946070-31-9 (Nhamerica Platform)
Lelé: Dialogues with Neutra and Prouvé
ISBN: 978-65-87205-06-9 (Romano Guerra)
ISBN: 978-1-946070-32-6 (Nhamerica Platform)

Direitos para essa edição

Romano Guerra Editora
Rua General Jardim 645 cj 31
01223-011 São Paulo SP Brasil
rg@romanoguerra.com.br
www.romanoguerra.com.br

Nhamerica Platform
807 E 44th st.
Austin, TX, 78751 USA
editors@nhamericaplatform.com
www.nhamericaplatform.com

Todos os redesenhos presentes neste livro são uma livre interpretação do autor sobre a obra de João Filgueiras Lima, consultada em fontes diversas, desenvolvidos ao longo de dez anos com o objetivo de melhor compreender o processo construtivo do arquiteto e sua equipe. Uma homenagem ao arquiteto, a linguagem adotada é inspirada nos desenhos à mão livre de Lelé.

IMAGEM DA CAPA
Foto Celso Brando

Este livro foi composto em Alegreya e Raleway
Impresso em papel Offset 90g e Duodesign 250g

Forest Stewardship Council
Conselho de Manejo Florestal